룻, 다윗, 엘리야, 이사야, 예레미야, 마리아, 예수님, 바울

그들도 우리처럼 괴로워 했다

When Trouble Comes

필 라이큰 지음 | 구지원 옮김

오늘도 당신은 하나님의 사랑 안에서 안전하다!

생명의말씀사

WHEN TROUBLE COMES
by Philip Graham Ryken

Copyright ⓒ 2016 by Philip Graham Ryken
Published by Crossway
a publishing ministry of Good News Publishers
Wheaton, Illinois 60187, U.S.A.

This edition published by arrangement with Crossway through rMaeng2,
Seoul, Republic of Korea.
All rights reserved.

This Korean Edition Copyright ⓒ 2016 by Word of Life Press, Seoul, Republic of Korea

이 한국어판 저작권은 알맹2를 통하여 Crossway와 독점 계약한 생명의말씀사에 있습니다.
신 저작권법에 의하여 한국 내에서 보호받는 저작물이므로 무단 전재와 무단 복제를 금합니다.

그들도 우리처럼 괴로워했다

ⓒ 생명의말씀사 2017

2017년 1월 3일 1판 1쇄 발행
2017년 3월 22일   2쇄 발행

펴낸이 | 김재권
펴낸곳 | 생명의말씀사

등록 | 1962. 1. 10. No.300-1962-1
주소 | 서울시 종로구 경희궁1길 5-9(03176)
전화 | 02)738-6555(본사)·02)3159-7979(영업)
팩스 | 02)739-3824(본사)·080-022-8585(영업)

기획편집 | 임선희
디자인 | 조현진
인쇄 | 예원프린팅
제본 | 정문바인텍

ISBN 978-89-04-16577-3 (03230)

저작권자의 허락없이 이 책의 일부 또는 전체를
무단 복제, 전재, 발췌하면 저작권법에 의해 처벌을 받습니다.

그들도
우리처럼
괴로워
했다

추천사

"뛰어난 신학자이자 성경주해가인 저자가 고통받는 자의 마음으로 집필한 이 책은 솔직하고 다정하며 은혜가 가득하다. 하나님 말씀의 실제적이고 유용한 지혜가 넘친다. 라이큰 박사는 성경 속 이야기들로 성경이 우리의 고통을 정확히 어떻게 그려내는지, 그리고 하나님이 그 속에서 우리를 어떻게 만나주시는지 보여준다. 고통은 '이미'와 '아직' 사이를 사는 인간의 보편적인 경험이기 때문에, 이 책을 읽고 적용하는 것은 누구에게나 가치 있는 일이다. 이 책은 나에게 엄청난 도움이 되었다. 당신에게도 그러할 것이다."

— 폴 데이비드 트립(Paul David Tripp),
'Paul Tripp Ministries' 총장, 「경외」, 「목회, 위험한 소명」의 저자

"라이큰 박사는 우리 시대의 가장 중요한 기독교 기관 중 하나인 휘튼대학에서 총장으로 섬기고 있다. 중동지역에서 사역할 때도 나는 휘튼대학 교수들과의 지속적인 관계와 수년 동안 나와 함께 사역했던 여러 졸업생들을 통해 복을 누렸다. 라이큰 박사는 좋은 시절과 험난한 시절을 모두 겪으며, 휘튼대학이 '그리스도와 그분의 나라를 위하여' 존재할 수 있도록 늘 한결같은 지혜로 학교를 이끌었다. 이 책에서 그는 다른 사람들이 예수 그리스도 안에서 위로를 발견할 수 있도록 예수님의 한결같은 성품을 보여준다. 내가 대단히 존경해 마지않는 분이 쓴 책을 전적으로 지지할 수 있어서 무척 기쁘다."

— 캐논 앤드류 화이트(Canon Andrew White),
이라크에 있는 St. George Church의 명예목사,
중동의 'Foundation for Relief and Reconciliation' 총장

"고난이 찾아올 때 대부분의 그리스도인들은 벗어나거나 부인하거나 단절되거나 치료하거나 피하고 싶어 한다. 그렇게 우리는 온갖 일을 하면서, 한편으로는 그것과 더불어 살아가려고 애쓴다! 감사하게도 라이큰 박사는 이 놀라운 책에 엄청난 수고를 기울였고, 고난을 지날 때 기쁘고 영광스럽게 사는 방법을 보여주었다. 그는 역경을 피하는 것이 아니라 뚫고 가도록 안내한다. '시련을 친구로 맞이하는 것'이 어렵게 느껴진다면, 이 책은 바로 당신을 위한 책이다."

— 조니 에릭슨 타다(Joni Eareckson Tada),
Joni and Friends International Disability Center의 설립자이자 CEO

"『그들도 우리처럼 괴로워했다』는 깊은 고난에 빠진 사람들을 위한 심오한 책이다. 굳이 고난을 비리지 않아도 우리 인생에는 우리 삶을 바꾸는 재앙, 오직 하나님만이 끝내실 수 있는 재앙이 불시착한다. 그리고 하나님은 우리가 그분의 품으로 파고들 때 아주 놀라운 방식으로 우리를 도우신다. 내가 매우 존경하는 라이큰 박사는 이 책을 통해 우리의 인생이 위태로울 때 하나님께서 우리를 어떻게 돌보시는지를 성경말씀으로 부드럽게 보여준다. 당신이 이 위로의 책을 읽을 때, 주께서 나에게 그러셨던 것처럼 당신에게도 복 주시기를 기도한다."

— 레이몬드 C. 오틀런드 주니어(Raymond C. Ortlund Jr.),
테네시주 임마누엘교회 목사, 「솔로몬에게 길을 묻다」의 저자

"우리가 인정하기 싫어하는 만큼, 고난은 우리 모두의 삶에 흔적을 남긴다. 전도서의 저자도 '일평생에 근심하며 수고하는 것이 슬픔뿐이라'(전 2:23) 기록했다. 이 책은 모두에게 고난이 찾아올 것이라 추정한다. 하나님께 반역하며 살아가는 사람들뿐 아니라 하나님의 영광을 위해 살아가려 애쓰는 사람들에게도 말이다. 내 생각엔 오히려 후자인 사람들에게 더욱 빈번하게 찾아오는 것 같다. 라이큰 박사는 심오한 지혜와 영적 통찰로 고난의 근원을 밝히고, 고통을 인내하시며 우리의 모든 슬픔으로 들어오신 성자 하나님에 대한 믿음으로 우리를 초대한다."

– 엘리즈 M. 피츠패트릭(Elyse M. Fitzpatrick),
상담가, 『자녀교육, 은혜를 만나다』의 저자

"성경에 대한 깊은 묵상이 인간 본성의 지혜로운 이해와 만나 우리의 인생을 진솔하게 말해주는 책을 탄생시켰다. 그동안 나는 이 책에서 묘사한 성경인물 대부분을 설교하고 가르쳤지만, 이 책을 읽으며 새로운 진리를 많이 배웠다."

– 아지스 페르난도(Ajith Fernando),
스리랑카의 '십대 선교회' 디렉터, 『고난과 기쁨, 그 역설의 믿음』의 저자

"『그들도 우리처럼 괴로워했다』처럼 위로와 도전을 동시에 주는 책은 드물다. 라이큰 박사는 룻, 다윗, 바울과 같은 이들의 이야기에 자신의 이야기를 함께 엮어 회복으로 가는 하나님의 길을 보여준다. 당신의 영혼이 괴로울 때 소망으로 가는 실제적인 도움을 얻고, 세상의 고통 앞에서 행동을 취하라는 분명한 부르심을 보게 될 것이다."

- 리사 비머(Lisa Beamer),
『나는 소망을 믿는다』의 저자

"신자라면 누구나 고난을 겪는다. 때로는 고통스러운 방식으로 말이다. 라이큰 박사는 고난을 인내한 성경인물들의 이야기로 고난을 하나님의 관점에서 이해하도록 돕는다. 특히 책 앞부분에 언급된 저자 자신의 이야기는 흥미롭고 감동적이다. 역경의 시기를 지나려면 에너지와 연료가 필요한데, 라이큰 박사는 성경에 깊이 잠긴 이 책으로 우리에게 그 연료를 공급한다."

- 토머스 R. 슈라이너(Thomas R. Schreiner),
남침례신학교 교수

고난 중에 있던 나를 위해
기도해주신 모든 분께,
그리고
나의 곤고와 환난을 보시고 내 모든 죄를 사해주신(시 25:18)
은혜로운 주 예수 그리스도께
이 책을 바칩니다.

목차

프롤로그 – 고난은 그리스도인의 일상이다   12
공포와 비통의 시간 | 모두에게 일어나는 일이다 | 친구들의 위로와 기도 | "의인들의 구원은 여호와로부터 오나니"

죄책감으로 무너졌던 이사야   31
이사야가 오늘날에도 살아있다면 | "내가 무슨 죄를 고백해야 합니까?" | 영원히 거룩한 찬송 | 스스로에게 던지는 질문 | 우리도 이사야처럼 | 하나님의 구원

죽고 싶을 만큼 절망했던 엘리야   51
위대한 하나님의 사람 | 죽고 싶은 심정 | 영적 우울증의 원인 | 당신은 사랑받고 있다 | 완전한 답

사별과 가난으로 살 길이 막막했던 룻   73
극빈과 위험에 처한 과부 | 룻의 선택 | 환난 중의 도움 | 당신의 이름이 생명책에 쓰였다

태만, 정욕, 거짓말에 무릎 꿇었던 다윗   91
누구에게나 일어날 수 있다 | 직무 유기 | 정욕이 작동하는 방식 | 믿음으로 드리는 회개

원수들의 박해와 조롱에 울부짖었던 예레미야   **111**

쓰디쓴 감정의 폭발 | 기도로 주님께 가져가라 | 상황은 다르지만 원칙은 같다 | 거대한 물음표

벅찬 소명으로 아들과 함께 고난받았던 마리아   **131**

특별한 아들 | 메시아의 어머니로 산다는 것 | "말씀대로 내게 이루어지이다" | 하나님은 당신에게도 신실하시다

극한 고통 앞에서 피땀을 흘리며 기도하셨던 예수님   **151**

무엇과도 견줄 수 없는 고통 | 예수님이 당신을 가장 잘 이해하신다 | 자발적인 희생 | 예수 그리스도의 이름으로 드리는 영광

그리스도를 위해 죽음의 위협과 모진 핍박을 견딘 바울   **169**

아무도 원하지 않는 선물 | 교회를 향한 실제적인 박해 | 그리스도인들이 박해받는 이유 | "잠시 받는 환난의 경한 것" | 성공이 아닌 신실함

에필로그 – 당신도 승리의 은혜를 간증할 수 있기를…   **188**

놀라지 말라 | 담대하라! | 승리자들 | 준비되었는가?

주   **204**

프롤로그

고난은 그리스도인의 일상이다

"그 누가 나의 괴롬 알며"

(시 37:39-40)

　어느 봄 학기였다. 내게 고난이 찾아왔다. 진짜 고난이었다. 길고도 험했던 몇 주 동안 나는 점점 더 깊은 좌절에 빠졌고, 급기야 내게 과연 살 의지가 있는지를 의심하는 날이 오고 말았다. 당시 대부분의 사람들은 이를 전혀 몰랐다. 그래서 나는 옛 흑인영가 "그 누가 나의 괴롬 알며"(시 37:39-40)를 이 책 프롤로그의 부제로 붙이려 한다.

　사실 나는 저서나 설교에서 나 자신에 대해 별로 언급하지 않는다. 나의 주된 목적은 예수님을 말하는 것이기 때문이다. 하지만 때로는 나에 대한 말이 예수님을 소개하는 데 도움이 될 때가 있다. 지금이 바로 그때라고 생각한다.

이 책에서 나는 온갖 어려움에 처했던 성경인물들의 이야기를 할 것이다. 구체적으로 이사야, 엘리야, 룻, 바울 같은 이들이다.

그들은 죄책감과 수치심에 짓눌리거나, 사랑하는 사람의 죽음으로 괴로워하거나, 가정의 위기를 겪거나, 믿음을 검증받는 고통스런 시험들을 통과했다. 어떤 이들에게 그 시험은 사느냐 죽느냐의 절대적인 문제였다.

궁극적으로 내가 이 책을 통해 보여주려는 것은 '하나님께서 그들을 어떻게 도우셨는가?'다.

참된 믿음을 가진 그들에게 변화를 가져온 것은 무엇이었을까?

고난이 찾아왔을 때 그들은 어떻게 행동했을까?

내가 이 주제에 관심을 두는 것은 무엇보다 나 자신의 유익을 위해서다. 물론 당신의 유익을 위해서이기도 하다. 왜냐하면 당신에게도 고난이 오리라는 것을 알기 때문이다.

어쩌면 당신은 바로 지금 고난을 겪고 있는지도 모르겠다. 그렇다면 설령 아무도 그것을 모른다 해도, 이미 죄책감과 수치심에 짓눌려 있거나, 관계의 상실로 슬퍼하거나, 불확실한 미래에 직면해 있을 것이다.

그리고 지금 현재 고난을 겪고 있지 않다면, 힘내라! 조만간 고난을 만나게 될 것이다.

그 일이 일어나면 고난이 찾아올 때 경건한 사람들이 어떻게 행동하는지 아는 것이 당신에게 어마어마한 도움을 줄 것이다.

하지만 성경의 이야기를 꺼내기 전에, 먼저 내 이야기를 하고 싶다. 내가 고난을 이길 수 있게 해준 것들에 대해 말이다.

물론 내가 고난에 빠지게 된 이유를 속속들이 말할 수는 없다. 그중 일부는 다른 사람들의 이야기와 연결되기 때문이다. 다만 고난당할 때 내가 어떤 감정이었는지, 하나님께서 나를 어떻게 구해주셨는지 이야기할 것이다.

영국의 시인이자 목사였던 조지 허버트의 말을 인용한다면 "나는 그분의 능력을 드러내기 위해 산다. 그분은 한때 내 기쁨을 가져가셔서 나로 하여금 눈물을 흘리게 하셨지만, 지금은 내 슬픔을 가져가셔서 나로 하여금 노래하게 하신다."[1]

공포와 비통의 시간

이상한 방식이긴 하지만, 내게 일어난 일은 기도응답이라고도 할 수 있었다. 나와 매우 가까운 사람(내가 생명보다 더 사랑하는 사람)이 진짜 고난을 겪고 있었고, 그 고난은 더 이상 살 가치가 없어 보일 만큼의 공포와 비통한 감정을 동반했다. 그 강렬한 고통은 내가 살면서 겪은 그 어떤 고통보다도 컸다.

그래서 나는 하나님께 간구했다. 할 수만 있다면, 내가 그 짐을 대신 지게 해달라고 말이다. "주님, 그녀는 너무 어립니다. 그녀는 지금 자기에게 무슨 일이 일어나고 있는지도 이해하지 못합니다. 주께서 주기로 선택하신 그 어떤 고통이라도 제가 대신 지게 하옵소서. 예수님의 이름으로 기도합니다."

때로 나는 주님이 내 기도에 응답하지 않으시길 바라기도 한다. 하지만 그때는 응답하셨던 것 같다. 내가 아는 것은 그때부터 몇 주, 몇 달에 걸쳐 내가 사랑하는 이의 짐은 차츰 가벼워진 반면, 내 기쁨은 슬픔으로 변했다는 것이다.

휘튼대학의 총장인 내 일과에는 새롭게 시작해야 할 많은 도전이 있다. 버지니아대학에서 리더십을 연구한 어느 학자가 "미국 대학의 총장직은 그 일을 하는 그 누구에게라도 능력 밖이다."[2]라고 내린 결론에 동의하고 싶은 유혹에 빠진다.

예산을 맞추고, 미묘한 인사 문제를 다루고, 위기에 처한 학생들을 돌보고, 법적 소송에 직면하고, 성난 편지들에 답하고, 수천만 달러를 모금하려 애쓰고, 중대한 고용 결정을 내리고, 미디어 공격에 대처하고…. 이 모든 게 하루 일과다. 이 정도가 내가 지나치게 잠을 줄이지 않고 감당할 수 있는 짐의 무게다.

지금보다 더 잠을 줄여야 한다면, 나는 그 일들을 해내지 못할 것이다. 하지만 감사하게도 내 곁에는 매일 나를 도와 모든 짐을 질 수 있게 해주는 많은 이들이 있다.

그런 상황에서 사랑하는 이의 고통은 나에게 매우 깊은 영향을 미쳤다. 그리고 하나님의 지혜로운 섭리 안에서 나 역시 다른 고난에 직면했다. 너무 사적인 이야기라 세세히 나눌 순 없지만, 무거운 짐이었다. 깨어진 관계, 내 성품에 대한 공격, 과거의 아픈 경험이었다. 나의 리더십에 관해 수백 명의 교수와 직원들과 동창들과 학생들에게 다각적으로 평가를 받고 솔직한 피드백을 듣기에는 결코 적합하지 않은 학기였다. 출근 준비를 하면서 소리 내어 울던 아침이 여러 번이었다.

그때 나는 내가 정말 좋은 벗이었는지 의심스러웠다. 내 문제들이 감정적으로 너무 많은 에너지를 빼앗은 나머지 몇 시간 동안 사람들과 함께 있는 것조차 어려웠기 때문이다.

그중 어느 부활절이 생각난다.

집 안은 손님들로 가득 차 있었고, 그날도 나는 하루를 버티기 위해 애쓰며 수차례 밖으로 나가 혼자 있었다.

결국 아내 리사와 함께 의사를 찾아갔다. 병원에서 감정의 건강상태를 확인한 결과 지독히도 나쁜 점수를 받았고, 그것이 나를 더욱 초라하게 만들었다.

급기야 하나님께서 나를 과연 사랑하시는 건지 아닌지 씨름하기 시작했다. 그것은 또 하나의 새로운 경험이었다. 하나님의 약속을 읽으며 내가 자격이 있는지도 의심했다. 시편 86편 2절 같은 구절에서는 위로를 얻으려 애썼다. "나는 경건하오니 내 영혼을 보존하소서. 내 주 하나님이여, 주를 의지하는 종을 구원하소서."

문제는 내가 그리 경건하지 않다는 것이었다. 주를 의지하는 데에도 어려움을 겪고 있었다. 마침내 나는 하나님께서 나를 구원하시리라는 것을 확신하지 못했다.

그렇게 바닥으로 치닫는 소용돌이에 빠져 있던 어느 날, 이렇게 혼잣말을 했다. "사람들이 왜 자살하는지 알겠어. 그들도 이런 마음이었을 거야. 그것만이 유일한 탈출구처럼 보여."

며칠 후 나는 '만약 …한다면, 이 모든 걸 끝낼 수 있을까?' 궁금해지기 시작했다. 내가 갖고 싶던 생각은 아니었다. 사탄이 내 뒤에 있었다. 사탄은 아주 작은 기회만 주어도 그것을 잡아버린다. 상황은 점점 더 나쁜 방향으로 흘러가고 있었다. 내가 진짜 위험에 빠지기까지 대체 얼마가 남은 걸까?

모두에게 일어나는 일이다

이것이 바로 내가 경험한 고난의 일부다. 결코 전부는 아니다. 다만 어느 봄에 내가 경험한 것의 일부일 뿐이다. 이제는 부제를 '모두가 나의 괴롬 알며'로 바꿔야 할 것 같다.

그럼에도 내가 당신에게 말해주고 싶은 것은 하나님께서 나를 버리지 않으시고 구해주셨다는 사실이다. 사랑하는 하늘 아버지와 나의 구주와 주인 되신 예수 그리스도께서 도우시고 위로하시는 성령과 함께 내가 그 길을 안전하게 통과하도록 지키셨다. 물론 이제는 나의 시험이 끝났다거나 다시는 절망이 찾아오지 않을 거라고 말할 수 없다. 하지만 다윗처럼 나도 증언할 수 있다. "의인들의 구원은 여호와로부터 오나니 그는 환난 때에 그들의 요새이시로다"(시 37:39).

무엇이 내게 도움이 되었는지 알고 싶은가?

첫째, 나는 내가 겪고 있는 일이 전적으로 온전히 정상이라는 사실을 알았다. 그 전까지 나는 하나님의 사랑에 대한 심각한 의심이나 절망과 씨름해본 경험이 없다. 그런데 그게 비정상이었다. 내가 짧게나마 맛보았던 비통함은 대부분의 그리스도인들이 조만간 겪게 될 일이고, 누군가에겐 평생에 걸쳐 씨름해야 할 숙제다.

이러한 사실을 나는 친한 친구들과 가족의 경험으로부터 배웠다. 또한 교회 역사에서도 보았다.

일례로, 19세기 런던의 위대한 설교가 찰스 스펄전은 목회하는 수십 년간 우울증과 씨름했다. 그가 존경했던 설교가들은 청중들에게 "우울한 감정에 굴복하지 말라"고 말했다. 하지만 스펄전은 이렇게 말했다. "맹렬하게 비난하는 사람들이 우울증을 알게 된다면, 위로가 필요한 곳에 비난을 흩뿌리는 것이 얼마나 잔인한 일인지 알게 될 것이다. 하나님의 자녀가 겪는 경험 중에는 영적인 암흑으로 가득한 일들이 있다. 나는 하나님께 크게 사랑받는 종들은, 그렇지 않은 사람들보다 더 많이 암흑

의 고통을 경험했을 거라 확신한다."³⁾

성경에서도 똑같은 것을 발견한다.

욥은 하나님을 저주하고 죽으라는 유혹을 받았다. 이사야는 망하게 되었다. 다윗은 낙심했다. 엘리야는 하나님께 자기 목숨을 거두어 달라고 했다. 그들은 심약하거나 반항적인 사람들이 아니었다. 다만 삶과 사역의 무게에 짓눌려 있었다. 예수님조차도 십자가를 대체할 대안이 있는지 물으실 때는 영혼의 어두운 밤을 경험하셨다. 성부 하나님께 버림받았다고 느끼셨을 때 고통의 낮을 경험하셨다.

이 모든 것이 나로 하여금 의심과 좌절과 우울의 시기가 타락한 세상을 사는 모든 인생의 정상적인 부분임을 인정하게 한다.

고난이 찾아오는 것은 나쁜 그리스도인이라는 뜻이 아니다. 하나님께서 나의 적이 되신다는 뜻도 아니다. 물론 때때로 그렇게 느껴지겠지만 말이다. 고난의 시기에 나는 하나님이 사랑하시는 자녀들 대부분에게 일어나는 일을 나 또한 겪고 있을 뿐이라는 사실을 알게 되었고, 그것이 그 시간을 통과하는 데 엄청난 도움이 되었다.

내게 도움이 된 또 하나는 정상적인 일상을 살려고 애쓴 것이었다. 그것이 몹시 어려운 날도 있었지만 할 수 있는 한 그렇게 했다. 식욕이 없었지만 매일 건강한 음식을 먹었는지 확인했고, 에너지가 많지 않을 때도 나를 몰아세워 운동을 했다. 교내 축구 모임을 주신 하나님께 얼마나 감사했는지 모른다. 그것이 내 생명을 살렸다. 규칙적인 운동이 내 시선을 문제로부터 멀어지게 했다. 운동은 나를 신체적으로, 감정적으로 강건하게 만들었다.

연주회, 콘서트, 야구게임, 아이 등하교 시켜주기, 가족과의 식사, 아이 재우기 등 자녀들과 함께 현재를 살려고 애썼다. 그중 어떤 추억은 평생 내 마음에 남을 것이다.

딸아이와 나는 둘 다 마음이 상했을 때 딸아이의 침대 옆에서 함께 찬송을 불렀다. 그것은 그동안 내가 드려온 예배들 중 단연 최고로 꼽힌다. 또 다른 딸아이는 봄철에 일찍 일어난 새들과 함께하는 산책에 동참해주었다. 비행 중인 제비에게서 하나님의 아름다움을 보았고, 햇살 아래 노래하는 솔새에게서 하나님의 기쁨을 보았고, 참나무에 앉아 골똘히 생각하는 수리부엉이에게서 하나님의 지혜를 보았다. 무엇보다 나는 내 딸과 동행하는 복을 누렸다. 그 순간 아이의 사역은 나와 함께 있어주는 것이었다.

주일에는 교회에서, 주중에는 대학 채플실에서. 그렇게 나는 자주 예배를 드린다. 하지만 많은 그리스도인이 그러하듯 매번 진짜 예배를 드리는 것 같은 느낌을 받는 것은 아니다. 그럼에도 불구하고 그곳은 하나님께서 나를 만나주신 또 다른 장소였다. 내 필요를 채우시는 하나님의 은혜를 표현한 찬송들이 특별한 의미를 갖게 되었다. 요한 프랑크라는 독일 찬송 작가가 쓴 다음의 가사처럼 말이다.

> 땅이 흔들리고 모든 이의 마음이 떨릴지라도
> 예수님은 나의 두려움을 평온케 하신다네.
> 번개가 번쩍이고 천둥이 울려도 죄와 지옥이 나를 공격해도
> 예수님은 결코 나를 버리지 않으신다네.[4]

그러면서 (당연하지만) 나는 휘튼대학에서 일주일에 5-6일씩 일했다. 일을 그만두지 않고 일상의 평범한 일과를 계속해나갔다. 먹고, 마시고, 일하고, 놀고, 가족과 함께하고, 예배를 드렸다.

이 모든 일이 고난의 시기를 보내는 데 도움이 되었다. 그러한 일상은 우리의 번성을 위해 하나님께서 디자인하신 것들의 일부이기 때문이다.

친구들의 위로와 기도

친구들도 나에게 도움이 되었다. 그들이 도움이 될 수 있었던 이유는 내 삶에서 일어나고 있는 일을 그들과 나누었기 때문이다. 당신도 그렇겠지만, 나는 모든 사람과 모든 일을 나누지 않는다. 대체 누가 내 모든 고난을 알고 싶어 하겠는가.

하지만 몇몇 사람들에게는 내가 겪고 있는 일을 말해주었다. 먼저 나의 부모님과 가장 친한 친구들에게 말해주었다. 다른 기독대학 총장들과도 나의 갈등을 공유했다. 그리고 매일 나의 절친한 친구(!)와 내가 당하고 있는 시험에 대해 이야기했다. 콜로라도에서 온 소녀, 대학 때 만나 사랑에 빠졌던 그 소녀와 말이다.

또한 나는 휘튼대학의 이사들이 내가 큰 압박감 속에 있다는 것을 알고 있는지 확인했다. 이것은 나를 위해, 그리고 대학을 위해 중요했다. 나는 하나님께서 내게 부여하신 리더십을 존중해야 한다. 현실은 그렇지 않은데 만사가 잘 굴러가는 척 꾸미지 않는 것도 그러한 존중의 일부다. 내가 져야 할 짐 중에는 목회적 감독이 필요한 것도 있었다.

그래서 아내 리사와 나는 오랫동안 우리를 알아왔고, 우리가 휘튼을 떠난 한참 뒤에도 여전히 우리를 사랑해줄, 목회 현장에 있는 부부들을 찾아갔다.

요점은 이렇다. 짐은 결코 혼자 지는 것이 아니다. 간곡히 부탁하건대, 당신에게 문제가 있다면 당신이 신뢰하는 형제나 자매, 당신을 돌볼 책임이 있는 사람에게 말하라. 이것은 그리스도의 몸(교회를 가리킨다-역주) 안에서 건강한 신앙생활을 하는 데 매우 중요하다.

아주 작은 친절에도 나는 큰 도움을 받았다. 이를테면 어떻게든 나를 돕고 싶어서 내 아들 조시가 보내준 문자나 사무실에서 함께 일하는 자매들이 내 책상에 놓아준 맑은 날씨의 카드 같은 것 등이다.

절망스런 생각에 빠져있던 어느 오후, 나는 몇 분간 혼자 있으려고 회의실 밖으로 나왔다. 그때 하나님의 섭리로 나의 오랜 친구이자 절친한 친구인 존 데니스(시카고의 홀리 트리니티 교회의 목사)가 내가 어떻게 해야 할까 고민하던 순간에 전화를 했다. 나는 그에게 살 의지를 잃어가고 있다고 말했다. 그것만으로도 상황을 정돈하는 데 도움이 되었고 자기 파괴적인 생각의 힘을 약화시켰다.

하지만 더 큰 효과를 낸 것은 친구가 나에게 사랑한다고 말해준 것이었다. 나는 그 말이 진짜란 걸 알았다. 우리는 함께 자랐고 그는 언제나 신실한 친구였다. 그러나 바로 그 순간에 그가 내게 사랑한다고 말해준 것이 큰 변화를 가져왔다. 그 말은 내가 얼마나 큰 고난에 빠졌는지 몰랐다면 그가 하지 않았을 말이었고, 내가 그에게 말하지 않았다면 몰랐을 사실이었다.

친구들이 나를 위해 기도해준 것 역시 나에게 아주 많은 도움이 되었다. 고난이 찾아올 때, 기도의 힘만큼 도움이 되는 것은 없다.

많은 사람이 나를 위해 항상 기도하고, 그것이 나를 겸손케 한다. 심지어 내가 모르는 사람들조차 휘튼대학을 위해 기도하기로 헌신한다. 나는 매일, 혹은 매주 나를 위해 기도한다고 말해주는 사람들의 편지와 카드를 받는다. 매주 목요일 오전마다 경건한 여인들이 캠퍼스에서 몇 블록 떨어진 곳에 모여 휘튼대학을 위해 기도하는 시간을 갖는다. 그것이 엄청난 변화를 만든다.

하지만 고난의 시간에는 내게 훨씬 더 많은 기도가 필요했고, 사람들이 나를 위해 기도하고 있다는 사실을 내가 아는 것도 필요했다.

종종 임원들과의 모임을 놓칠 때가 있었다. 나중에야 그들이 나를 보호해달라고 더 긴 시간 기도했다는 사실을 알게 되었다. 이사들 역시 나를 위해 기도하고 있었고, 그들 중 많은 이들이 개인적으로 격려의 말을 보내주었다.

어느 날 밤, 어머니와 아버지가 나에게 안수하셨다. 아버지는 기도하시면서 앗수르가 예루살렘을 포위하고 성을 철저히 파괴하겠다고 위협하는 편지를 보냈을 때 히스기야 왕이 했던 행동을 언급하셨다. 히스기야는 그 편지를 받아 하나님 앞에 펴 놓고 하나님께 구원해달라고 기도했다(왕하 19:14-19). 그와 똑같이, 아버지는 나의 어려움들을 하나님 앞에 펼쳐놓으셨다.

이 모든 기도가 도움이 되었지만, 나의 옛 대학친구들에게서 정말로 깊은 위로가 왔다. 그들은 대개 내가 직면한 어려움 중 일부만을 알고 있었지만, 그들을 중보기도의 자리로 부르는 데에는 그것으로도 충분했다. 1학년 때 룸메이트였던 스티브 스네젝은 몬타나에서 편지를 보내 나를 위해 기도하겠다고 말해주었다. 필라델피아에서 고등학교 영어교사를 하고 있는 지미 파비노는 이메일을 통해 오직 나를 위해 금식하며 기도할 것이라고 말해주었다. 리사와 나는 우리의 소중한 친구들인 누스바움 부부와 가렛 부부가 우리를 위해 기도하려고 주일 밤마다 모이고 있다는 것을 알게 되었다.

그렇게 많은 사람이 기도하며 나를 걱정하고 있다는 사실이 얼마나 큰 의미가 있는지 표현할 길이 없다. 내가 여기에 실명을 거론한 것은 그들의 우정에 경의를 표하기 위함이지만, 진짜 고난이 찾아올 때 우리를 도와줄 진짜 친구가 필요하다는 것을 보여주려는 것이기도 하다. 내가 깊은 고통 중에 있을 때, 그들은 탄원기도와 축복기도로 나를 덮어주었다. 그들의 의로운 기도는 하나님의 은혜가 내 삶에 임하는 강력한 도구였다.

그래서 나는 궁금하다. 고난 중에 있는 어떤 친구가 나의 기도를 필요로 할까? 그리고 당신의 기도를 필요로 하는 친구는 누구일까?

물론 나 역시 기도하고 있었다. 기도 중에 나는 내가 생각하고 있는 것이 무엇인지를 정확하게 하나님께 말씀드렸다. 욥이 고난 중에 했던 것처럼 말이다. 종종 무엇을 구해야 할지 모르거나, 뜻이 통하는 탄원기도를 만들어낼 적당한 단어를 못 찾을 때도 있었다. 그럴 땐 그저 "예수님, 도와주세요." 혹은 "다윗의 아들이시여, 제게 자비를 베푸소서!"라고 말할 수밖에 없었다.

아니면 말 그대로 신음할 뿐이었다. 성령께서는 우리의 내적 씨름을 너무 잘 이해하셔서 그러한 우리의 신음까지도 기도로 번역하실 수 있다. "우리는 마땅히 기도할 바를 알지 못하나 오직 성령이 말할 수 없는 탄식으로 우리를 위하여 친히 간구하시느니라"(롬 8:26). 가끔은 성령께서 어떻게 고뇌하는 우리 영혼을 이해하실 수 있는지 궁금했다. 나는 다만 알 뿐이다. 고난이 찾아올 때 성령께서 내 아버지의 은혜의 보좌 앞에서 내 신음을 기도로 바꾸셨다는 것을 말이다.

"의인들의 구원은 여호와로부터 오나니"

내게 도움된 것이 하나 더 있다. 하나님의 말씀, 즉 성경인 구약과 신약이다. 나는 어머니가 나에게 나눠주셨던 다윗의 시편 구절들을 보물처럼 아꼈다. "내가 간구하는 날에 주께서 응답하시고 내 영혼에 힘을 주어 나를 강하게 하셨나이다." "내가 환난 중에 다닐지라도 주께서 나를 살아나게 하시고." "여호와께서 나를 위하여 보상해 주시리이다 여호와여 주의 인자하심이 영원하오니"(시 138:3, 7, 8).

내가 추억하는 최고의 순간은 리사와 밤늦게 잠자리에 들었을 때다. 그때 리사는 내가 잠들 때까지 시편을 읽어주었다. 하나님의 진리의 말씀으로 나의 불안한 영혼을 진정시켜 준 것이다.

고난의 때에 하나님께서 우리를 도우시는 주된 방법은 우리의 지성과 감성에 그분의 진리를 말씀하시는 것이다. 이것이 바로 내가 이 책을 쓴 이유다.

나는 "최악의 우울증은 성경이 믿어질 때 치유된다"[5]는 스펄전의 주장에 동의한다. 따라서 나는 사람들이 하나님께서 고난의 때에 우리 모두에게 베푸시는 도움을 성경에서 발견하길 바란다.

나는 당신이 고난에 처하게 될 것을 안다. 그 일은 오늘 일어날 수도 있다. 사랑하는 누군가를 갑작스레 잃는 고통을 겪을 수도 있고, 제거할 수 없을 것 같은 죄와 씨름하게 될 수도 있다. 깨어진 관계의 아픔을 경험하게 될지도 모른다. 어쩌면 아무도 고칠 수 없는 문제들이 이미 당신 가정에 있을 것이다. 꿈을 포기해야겠다 생각할 것이고, 하나님께서 어떻게 당신의 필요를 채우실까 의아할 것이다. 간단히 믿어지던 것들을 심각하게 의심하게 될 것이다. 일과 학업의 압박감에 압도되고, 자신을 증오하거나, 삶 자체를 체념하라는 유혹에 빠질 수도 있다.

이와 같은 고난이 찾아올 때 당신은 어떻게 할 것인가?

나에게 도움되었던 것들이 당신에게도 도움이 될 것이다. 당신이 깨닫는 것보다 훨씬 더 많이! 그것은 삶의 기초적인 것들이다. 즉 숙면, 건강한 식사, 교회 출석, 신실한 친구와의 대화, 기도를 통한 하나님과의 만남, 말씀에 대한 묵상 등이다.

이 모든 것이 도움이 되는 이유는 우리가 사랑하는 구주 예수 그리스도께로부터 온 선물이기 때문이다. 고난을 겪을 때 내게 도움이 되었던 것들은 예수님께서 나를 도우셨던 모든 방법이었다.

우리의 육체는 그분의 지혜와 창조적인 능력의 선물이다. 우리가 좋은 식사를 하려고 자리에 앉을 때마다 그분의 섭리가 우리를 접대한다. 일 역시 예수님께로부터 온 선물이다. 놀이도 선물이고, 그 후에 이어지는 쉼과 숙면도 마찬가지다. 특별히 예수님은 공동예배를 통해 우리의 영혼을 격려하시려고 우리에게 서로를 주셨다. 또한 우리가 기도하도록 도우시기 위해 그리스도의 영을 보내셨다. 무엇보다 죽음과 부활을 통해 우리에게 생명을 주셨다. 이 모든 것이 바로 하나님께서 예수 그리스도 안에서 우리에게 베푸신 은혜에서 비롯되었다.

나는 당신의 고난이 무엇인지 모른다. 하지만 다윗의 말이 참이라 믿는다. "의인들의 구원은 여호와로부터 오나니 그는 환난 때에 그들의 요새이시로다 … 구원하심은 그를 의지한 까닭이로다"(시 37:39-40).

이것은 하나님의 은혜로, 예수님의 이름으로 말미암은 내 간증이다. 당신에게도 이것이 간증이 되기를 간절히 원한다.

나눔을 위한 질문

문제는 우리가 고난에 빠지느냐 아니냐가 아니라 그 고난이 **언제** 오느냐다. 예수님은 타락한 이 세상에서 우리가 환난을 경험할 거라고 말씀하셨다. 그것은 타락의 결과이자 천국 시민인 우리 지위의 결과다. 즉 우리는 그리스도 안에서 거듭났고 이 세상에서 외인이다. 때문에 우리가 그리스도를 위해 산다면 그렇지 않을 때보다 사실상 훨씬 더 많은 고난을 경험하게 될 것이다. 이런 생각을 마음에 새긴다면, 고난에 빠지기를 기다리기보다 그것에 대처하는 전략을 세우도록 스스로를 미리 준비시키는 게 현명하다.

1. 이 책의 저자는 자기 인생에서 경험한 고난의 때를 설명합니다. 그의 경험 중 어떤 부분이 공감됩니까? 당신도 그와 비슷한 감정을 느껴본 적이 있습니까? 혹은 가까운 사람에게서 그런 감정을 목격한 적이 있습니까? 당신의 경험을 나누어봅시다.

2. 누구나 인생에서 고난을 당합니다. 당신이 험난한 시기를 버티는 데 도움이 되었던 전략에는 어떤 것이 있습니까?

3. 고난의 때에 하나님께서 당신에게 베푸신 축복은 무엇입니까? 그리고 고난을 통해 하나님에 대해, 그리고 당신에 대해 배우게 된 것은 무엇입니까?

4. 시편 37편 39-40절을 읽고 하나님의 일과 의인의 일을 적어봅시다. 이 둘을 비교하면서 무엇을 깨닫습니까?

5. 하나님을 의지하는 실제적인 방법은 무엇입니까? 그것이 당신의 일상에서 어떤 모습으로 나타납니까?

죄책감으로 무너졌던 이사야

"화로다 나여!"
(사 6:1-8)

웃시야 왕이 죽던 해였다. 이사야에게 고난이 찾아왔다. 진짜 고난이었다.

그에게만 해당되는 게 아니었다. 이스라엘 나라 전체가 거룩하신 하나님을 거스른 극악한 죄의 책임이 있었다. 그 결과 사람들은 하나님의 유죄 판결 아래 놓이게 되었다. 이사야도 포함이었다. 그래서 이사야는 부르짖었다. "화로다 나여 망하게 되었도다 나는 입술이 부정한 사람이요 나는 입술이 부정한 백성 중에 거주하면서 만군의 여호와이신 왕을 뵈었음이로다"(사 6:5).

이사야가 오늘날에도 살아있다면

이사야가 처한 고난이 얼마나 큰 지 이해하려면, 먼저 그가 선지자였다는 사실을 알아야 한다. 다시 말해 이사야는 하나님의 대변인이었다. 살아계신 하나님을 대신해서 축복과 심판의 말씀을 전하던 자였다.

그가 전한 말씀의 일부는(많지는 않고 일부다) 호의적이었다. 그는 어둠으로부터 빛이 비칠 것이라고, 처녀가 잉태하여 아들을 낳을 것이라고, 주님을 기다리던 자들이 독수리같이 올라갈 것이라고, 우리의 죄악 때문에 의로운 종이 상할 것이고 우리의 허물 때문에 그분이 상처를 입을 것이라고 약속했다.

하지만 이사야가 전한 말씀의 대부분은 하나님의 심판이었다. 이것을 볼 수 있는 최적의 장소는 이사야가 고난에 빠진 자신을 발견한 구절 바로 앞에 오는 장이다.

솔직히 이사야 6장은 대부분의 그리스도인들이 스스로 안다고 생각하는 것만큼 모르고 있는, 친숙한 성경구절이다.

많은 이들이 3절 말씀에 익숙할 것이다. "거룩하다, 거룩하다, 거룩하다, 만군의 여호와여, 그의 영광이 온 땅에 충만하도다!" 8절도 종종 언급한다. 특히 이 구절은 성경에 나오는 위대한 선교 관련 표어로 배지와 티셔츠에 자주 등장한다. "내가 여기 있나이다! 나를 보내소서!" 정말 감동적인 말씀이다.

하지만 이 구절 바로 앞에 오는 본문이나 뒤에 오는 구절을 아는 사람이 얼마나 될까?

본문을 이해하려면 문맥을 알아야 한다. 이사야 5장으로 거슬러 올라가면 하나님의 백성에 대한 심판을 선포하는 선지자를 발견할 수 있다. 그는 정성껏 재배된 포도나무에 대해 말한다. 그 포도나무는 열매를 맺지 못하는데, 그것을 이스라엘에 대한 비유로 사용한다. 당시 하나님의 백성들은 선한 영적 열매를 맺지 못하고 있었기 때문이다.

그래서 이사야는 그들에게 "화 있을진저!"라고 말했다. 그것도 여섯 번이나 말이다. 그는 그들의 부당한 풍요로움을 한탄했다. "가옥에 가옥을 이으며 전토에 전토를 더하여 … 거주하려 하는 자들은 화 있을진저"(사 5:8).

또한 그들의 술 취함을 책망했다. "독주를 마시며 밤이 깊도록 포도주에 취하는 자들은 화 있을진저"(사 5:11).

그들의 부정직함을 비판했다. "거짓으로 끈을 삼아 죄악을 끌며 … 화 있을진저"(사 5:18).

그들의 도덕적 상대주의도 꾸짖었다. "악을 선하다 하며 선을 악하다 하며 … 화 있을진저"(사 5:20).

그들의 지적인 교만 역시 호되게 책망했다. "스스로 지혜롭다 하며 스스로 명철하다 하는 자들은 화 있을진저"(사 5:21).

그리고 그들의 정의롭지 못함을 비난했다. "화 있을진저 그들은 … 의인에게서 그 공의를 빼앗는도다"(사 5:22-23).

이사야가 "화 있을진저"라고 한탄하는 목록을 검토하다 보면, 그가 오늘날 우리에게는 무슨 말을 해줄지 궁금해진다. 아니, 어쩌면 모르는 게 나을 수도 있겠다. 우리의 죄악이 드러나는 것을 달가워하는 사람은 없을 테니까 말이다. 아마도 십중팔구 이사야는 우리에게도 고대 이스라엘에게 했던 말들을 했을 것이다.

이기적인 특권을 강화하기 위해 자기의 부를 사용하는 자는 화 있을진저, 술과 다른 쾌락을 남용하는 자는 화 있을진저, 자기의 이미지를 좋게 하려고 진리를 왜곡하는 자는 화 있을진저, 자기의 죄악된 욕망을 정당화하려고 성경의 윤리적 가르침을 축소시키는 자는 화 있을진저, 그리고 하나님께서 자기에게 말씀하고 계시다는 사실을 인정하지 않고 이사야 5장이 주로 다른 이(그 말씀을 꼭 들어야 할 것 같은 내가 아닌 누군가)에게 해당하는 말씀이라고 생각하는 자는 화 있을진저.

우리는 이사야가 묘사하듯 "스스로 지혜롭다" 생각해선 안 된다. 우리 역시 아직 모든 것을 한꺼번에 이루지 못했음을 인정해야 한다.

"내가 무슨 죄를 고백해야 합니까?"

"화 있을진저"라는 말은 우리를 이 본문에서 가장 주목할 만한 국면으로 데려간다. 앞에서 언급한 것처럼 이사야는 5장에서 여섯 번의 '화'를 선언한다. "이러한 사람은 화 있을진저." "저러한 사람은 화 있을진저." "저기 있는 자들은 화 있을진저…." 그의 예언을 온전하게 만들기 위해 그가 일곱 번째로 선언하는 화는 어떤 것인지 기대해볼 만하다. 성경에서 '7'은 온전함을 뜻하는 숫자 아닌가.

실제로 이사야는 일곱 번째 화를 선언한다! 바로 6장 5절에 표현된 유명한 '화'다. "화로다 나여, 망하게 되었도다. 나는 입술이 부정한 사람이요, 나는 입술이 부정한 백성 중에 거주하면서."

이사야는 결코 "화로다 너여"라고 돌려 말할 수 없었다. 자신의 죄를 하나도 고백하지 않은 채 다른 사람을 바로잡고 그들의 죄만 논평할 수 없었다.

웃시야 왕이 죽던 해에 이사야는 자기가 다른 사람과 마찬가지로 큰 죄인(어쩌면 더 큰 죄인)이라는 사실에 철저하게 정직해졌다. 그것도 자신이 가장 완벽하게 하나님께 순복했던 영역에서 그렇게 했다.

당시 이스라엘 백성에게 만약 "진리를 말해줄 거라고 믿어도 될 만한 사람이 있을까?" 물었다면, 이에 대한 답은 "선지자 이사야"였을 것이다. 어쩌면 이사야 자신도 그렇게 말했을 수 있다. 아마도 그는 이렇게 말했을 것이다. "나에게도 씨름하는 삶의 영역이 있지만, 내 몸 중 절대적으로 하나님께 헌신된 부분이 있다면 바로 입이다." 어쨌거나 그는 선지자였다. 그 말은 곧 하나님의 대변인이라는 뜻이다.

하지만 그는 자기 역시 말에 실수가 많은 죄인임을 깨달았다. 상스러운 언어를 쓰고, 자기가 원하는 바를 위해 수사학을 사용하며, 유익한 것을 말할 수 있을 때도 비판적인 것을 말하는 사람이 바로 자신임을 깨달았다.

그리고 이것을 깨달은 바로 그 순간 이렇게 말했다. "화로다 나여! 나는 완전히 망했구나. 내 입이 다른 사람의 입과 똑같이 더럽구나."

이사야의 이러한 고백은 비판적인 논평을 하는 모든 이, 즉 우리 대부분에게 들어맞는 말이다. 이것은 일터와 교회, 대학 캠퍼스, 가정을 비롯한 거의 모든 곳에서 만나는 시험거리다.

비판적 사고가 온유함으로 성별(聖別)되지 않으면, 그것은 그야말로 '비판적 정신'이 된다. 그 결과 우리는 다른 사람의 성과, 배경, 스타일, 유머감각을 비판적으로 바라본다. 우리는 그들이 생각하는 방식, 그들이 말하는 내용, 그들이 내리는 결정을 비난한다. 언제나 비판할 대상이 있다. 바로 우리의 방법을 함께 공유하지 않은 사람이다.

우리는 대개 하나님께서 이사야를 구해주셨던 것처럼 우리를 구해주실 때까지 계속 비판한다. 하나님은 (우리 생각에) 모든 사람에게 잘못이 있는 것보다 우리의 태도가 훨씬 더 큰 문제임을 보여주신다.

알렉산드르 솔제니친은 소련의 악행을 폭로한 유명한 저서 『수용소군도』(The Gulag Archipelago)에서 이와 유사한 인식에 도달했다. 노벨상 수상자(솔제니친을 가리킨다 – 역주)는 독자들이 자기에게 선한 사람들과 악한 사람들을 명쾌하고 간단하게 구별해주길 기대할 거라 예상했다. 그러나 솔제니친은 다음과 같이 대답했다. "그토록 간단하다면! 오로지 악행에만 몰두하는 악인들이 어딘가에 존재한다면! 그리고 우리 같은 나머지 사람들로부터 그들을 분리해내서 그들을 파멸시키는 게 필수불가결하다면! 하지만 선과 악을 나누는 경계는 모든 인간의 마음에 의해 잘려나간다…."[1]

이사야가 하나님의 심판을 선언한 것은 잘못이 아니었다. 그는 선지자였고, 그것이 그의 일이었다.

하지만 그의 가장 큰 문제는 자신의 죄였다. 자기가 완벽하다고 말할 수 있는 삶의 영역은 단 한 조각도 없었다. 하나님께 드리려고 가장 힘들게 애썼던 영역조차 예외가 아니었다. 그래서 이사야는 밖으로 나가 하나님의 부르심을 수행하기 전에 정결해져야 했고 "화로다 나여!"라고 말해야 했다.

천문학자 요하네스 케플러도 자신의 죄인 됨과 죄를 고백했다. 그는 우주를 탐구하는 데 자신의 모든 지적 능력을 오래도록 헌신해왔다. 하나님께 영광을 돌리겠다는 명백한 목적을 가지고 말이다. 그러나 과학자로서의 소명은 피할 수 없는 유혹을 동반했다. 때문에 그는 다음과 같이 경이로운 기도를 드렸다.

제가 당신 작품들의 놀라운 아름다움에 유혹되어 자신만만해진다면,
혹은 제가 당신의 영광을 위해 맡겨진 사역에서 진보해감에 따라
사람들 앞에 드러나는 저 자신의 영광을 사랑하게 된다면,
관용과 자비를 베푸사 저를 용서하소서.
그리고 마지막으로 은혜를 베푸사
이 논증이 당신의 영광으로, 영혼의 구원으로 이어지게 하소서.
그리고 어디에도 장애물이 없게 하소서. 아멘.[21]

"내가 무슨 죄를 고백해야 합니까?"라는 말은 가치 있는 질문이다. 그에 대한 진실한 답이 구원으로 가는 첫걸음이 될 것이다. 어쩌면 당신은 이렇게 말해야 할지 모른다. "화로다, 나여! 나는 내가 마땅히 받아야 하는 수준보다 더 높게 생각해주는 사람들을 좋아하는 자로다." "화로다, 나여! 나는 사람들을 세우기보다 무너뜨리는 자로다." "화로다, 나여! 나는 확고한 도덕적 확신이 있는 영역에서조차 나 자신은 예외가 되기를 좋아하는 자로다." "화로다, 나여! 나는 이사야만큼 죄악된 자로다."

영원히 거룩한 찬송

이사야가 얼마나 큰 고난 중에 있었는지 제대로 평가하려면, 그가 그 순간에 무엇을 보고 있었는지를 알아야 한다. 여기서 우리는 성경 전체에서 가장 경외심을 일으키는 구절을 만난다.

"웃시야 왕이 죽던 해에 내가 본즉 주께서 높이 들린 보좌에 앉으셨는데 그의 옷자락은 성전에 가득하였고 스랍들이 모시고 섰는데 각기 여섯 날개가 있어 그 둘로는 자기의 얼굴을 가리었고 그 둘로는 자기의 발을 가리었고 그 둘로는 날며 서로 불러 이르되 거룩하다 거룩하다 거룩하다 만군의 여호와여 그의 영광이 온 땅에 충만하도다 하더라 이같이 화답하는 자의 소리로 말미암아 문지방의 터가 요동하며 성전에 연기가 충만한지라"(사 6:1-4).

하나부터 열까지 이 장면에 관한 모든 것이 하나님에 대한 경외심을 불러일으킨다. 하나님은 정말 경이로우시다!

여기서 우리는 전능하신 하나님에 관한 이사야의 환상, 특히 성자 하나님에 관한 환상을 본다. 우리가 이것을 아는 이유는 요한이 이사야의 사역을 언급할 때 그가 예수 그리스도의 영광을 보았다고 말했기 때문이다(요 12:41). 다시 말해 이사야는 하나님의 독생자에게서 하나님으로서의 경외감을 보았다.

또한 이사야는 하나님의 보좌를 보았는데, 그 보좌도 그분만큼의 경외심을 일으킨다.

나는 보좌가 경외심을 일으킨다는 것을 잘 알고 있다. 휘튼대학에서 채플에 참석할 때마다 학생들이 큰 의자에 앉기를 주저하는 모습을 보기 때문이다. 휘튼에서 예배를 인도하는 사람들은 에드먼 채플 무대 위에 있는 크고 화려한 의자에 앉는다. 나는 그 의자를 '나니아 의자'라고 부르는데, 그것이 마치 C. S. 루이스의 『나니아 연대기』(The Chronicles of

Narnia)에 나오는 웅장한 성, 케어 패러블에서 온 보좌 같은 느낌을 주기 때문이다. 왠지 모르게 사람들은 큰 의자에 대해 경외심을 갖는 것 같다. 그들은 그것이 자기를 위한 자리가 아님을 안다. 그러니 이사야가 하늘 보좌가 있는 방에 들어가서 "높이 들린" 하나님의 보좌를 보았을 때 어떤 느낌이었을지 상상해보라. 예수 그리스도는 모든 보좌 중에서도 가장 높은 보좌에 앉으신다. 그분은 높이 들리어 찬양을 받으신다.

그분의 옷 역시 경외심을 일으킨다. 이사야는 그분의 옷자락이 성전에 가득한 것을 보았다.

결혼식에서의 신부를 생각해보라. 아름다운 드레스가 복도에 늘어진다. 신부의 드레스 자락이 복도를 가득 메우고, 교회 안 사방으로 퍼지고, 벽을 뒤덮고, 천정까지 쌓인다고 상상해보라. 이사야가 하나님의 보좌에 앉으신 주님의 옷자락을 보았을 때, 그 옷자락이 성전에 가득했다. 얼마나 경이로운가!

하나님의 천사들도 경외심을 일으킨다. 이사야도 그들을 보았다. 강력한 스랍들이었다. 여섯 날개를 가진 이 장엄한 존재들(우리가 그들을 본다면 그들에게 경배하고 싶은 유혹에 빠질지도 모른다)은 하나님의 더 크신 거룩하심에 압도된 나머지 자기 몸을 가린다. 두 날개로는 자기 얼굴을, 두 날개로는 자기 발을 가린다. 그리고 나머지 두 날개로는 하나님의 거룩하신 임재 앞에서 난다.

이러한 천사들의 모습뿐 아니라 말 또한 우리에게 경외심을 불러일으킨다. "거룩하다, 거룩하다, 거룩하다. 만군의 여호와여, 그의 영광이 온 땅에 충만하도다." 반복은 감탄을 표현하는 성경의 기록 방식이다. 그러므로 천사들이 "거룩하다"는 말을 반복하고 또 반복하는 것은 절대적으로 완벽하고 전적으로 순결한 거룩을 선언하고, 성부와 성자와 성령의 거룩을 증언하고 있는 것이다.

또한 이사야는 경외심을 일으키는 소리를 들었다. 얼마나 우렁찬지 하늘의 기초를 흔드는 음성이었다. 경외심을 일으키는 냄새도 있었다. 하나님의 집이 연기로 가득했다. 이것은 하나님에 대한 경외심을 모든 감각으로 느끼는 경험이었다.

절대적으로 경외심을 일으키는 것이 또 하나 있다. 바로 이사야가 경험했던 모든 것이 우주를 다스리는 보좌가 있는 방에서 지금 이 순간에도 일어나고 있다는 사실이다. 우리가 이 사실을 아는 이유는 사도 요한에게 하늘의 문이 열렸을 때, (요한계시록에 기록된 바에 의하면) 요한이 성자 하나님께 경배하는 생물들을 보았기 때문이다. 그에 대해 요한은 이렇게 전한다. "네 생물은 각각 여섯 날개를 가졌고 그 안과 주위에는 눈들이 가득하더라 그들이 밤낮 쉬지 않고 이르기를 거룩하다 거룩하다 거룩하다 주 하나님 곧 전능하신 이여 전에도 계셨고 이제도 계시고 장차 오실 이시라 하고"(계 4:8).

어디서 듣던 말 아닌가? 이 말은 이사야가 들었던 말과 같다. 왜냐하면 그것은 스랍들이 온종일 하는 말이기 때문이다. 참으로 경이롭다! 참으로 거룩하신 하나님께 경배하는 것이 영원한 임무인 천사들이 있다. 그들은 창조된 날부터 줄곧 그렇게 해왔다. 지금도 그들은 그렇게 하고 있고 앞으로도 영원히 그렇게 함으로써 하나님께 영원히 거룩한 찬송을 드린다.

스스로에게 던지는 질문

이와 같은 이사야의 경험을 우리가 상상조차 할 수 있을까? 아마도 그것은 불가능하겠지만 최소한 그가 얼마나 큰 고난 중에 있었는지는 알 수 있다.

이사야 6장은 두 가지 극단을 드러낸다. 두 가지가 함께 모이고 있다. 즉 하나님의 경이로운 거룩하심과 선지자의 비참한 죄성이다. 삼위일체 하나님보다 거룩한 것은 없고, 자기 죄를 고백하지 않은 채 모든 사람에게 그들이 얼마나 부정(不淨)한지 말하며 돌아다닌 사람의 입술보다 더 부정한 것은 없다.

이사야는 보좌가 있는 방에 서서 오도 가도 못 한다는 것을 깨닫는 순간 완전히 망했고, 산산이 부서졌고, 철저히 깨졌다. 전적인 파멸에 빠졌다. 그가 할 수 있는 말이라곤 그저 "화로다 나여! 망하게 되었도다." 뿐이었다.

우리도 인생에서 유사한 상황에 처한 적이 있었는지 잘 생각해보고 하나님 보시기에 우리가 죄인임을 망설임 없이 인정하고 온전히 고백하는 것이 현명하다.

이사야의 고난은 단순히 이러저러한 죄들이 아닌 죄인으로서의 정체성이었다. 그는 결코 하나님께 충분히 거룩하지 못하다. 하나님의 진정한 거룩을 본 사람은 자기가 치명적인 위험에 처해 있다는 것을 즉시 알게 된다.

여기서 스스로에게 질문해보자. 이사야가 자신이 비참하게 망했다고 깨달았던 곳에 당신도 있었던 적이 있는가? 당신이 정녕 죄인임을 충분히 깨달을 만큼 하나님의 거룩하심을 본 적이 있는가?

우리가 여전히 죄책을 느끼는 대상은 과거에 저지른 나쁜 행동만이 아니다. 그만두지 못하고 지금도 계속하는 나쁜 일들, 혹은 반드시 해야 하지만 하지 않는 모든 선한 일들도 포함된다. 본질적으로 그것은 우리가 죄인이기 때문에 처한 고난이다.

우리도 이사야처럼

그렇다면 이런 환난에 빠졌을 때 우리가 해야 할 일은 무엇일까? 우리의 가장 근본적인 문제, 곧 죄와 죄책에 관해 무엇을 할 수 있을까?

첫 번째로 할 일은 이사야처럼 그러한 사실을 인정하는 것이다. 그는 자신을 변호하려 애쓰지 않았다. 변명을 늘어놓지도 않았다. "주여, 제가 죄인인 것을 알지만, 저보다 더 많이 당신의 언약을 어긴 사람들이 있다는 걸 지적하고 싶습니다."라고 말하지 않았다. 자기의 선행이 악행보다 많다거나, 비록 그 의도대로 살지 못했지만 언제나 선한 의도를 갖고 있었다고 주장하지 않았다. 하나님의 본연의 거룩하심과 자신을 떼어놓는 거대한 협곡을 보게 된 순간, 그는 겸허히 자기 죄를 고백했다.

더 나아가 그는 스스로 비교적 의롭다고 여기며 자부심을 느껴오던 영역에서의 죄를 고백했다. 선지자로서 그는 하나님의 순수한 말씀을 전하는 데 헌신했다. 하지만 그 영역에서조차 그는 부족했다. 그래서 이렇게 말했다. "나는 입술이 부정한 사람이요"(사 6:5).

이사야의 예를 통해 우리는 스스로 하나님께 모든 것을 드렸다고 자부하는 삶의 영역이 무엇인지 확인해봐야 한다. 그것이 무엇이건(운동, 음악, 학문, 목회 등) 죄의 오염으로부터 완벽하게 보호받는 곳은 하나도 없다.

내 삶에서도 수많은 예를 보여줄 수 있지만, 그중 한 가지만 이야기하겠다. 몇 년 전 나는 우리 교회의 인턴들(목회를 준비하는 젊은이들)과 모임을 가졌다. 특별히 목사들을 유혹하는 죄 목록을 나누고 그에 관한 목록을 읽어가면서 나는 스스로에게 이렇게 말했다. '정말로 이 죄들은 모두 나를 유혹하는 것들이야. 딱 하나만 빼고.' 그때 나를 그리 시험에 들게 하지 않는다고 생각했던 죄는 바로 냉소주의였다.

실제로 나는 낙관주의자다. 모든 일에서 가장 좋은 면을 보려고 노력한다. 때문에 나는 스스로를 냉소가로 생각하지 않는다. 하지만 인턴들과 함께했던 그날 밤부터 내가 가장 크게 찔림을 받은 죄가 무엇인지 아는가? 바로 영적 냉소주의다. 내 눈에 얕아 보이는 그리스도인들의 경험을 비판하거나, 지나치게 흥분하는 것 같은 그리스도인들의 행동을 비판하는 것 등이 끊임없이 나를 유혹했다.

여기에 모든 그리스도인을 위한 도전 과제가 있다. 당신이 하나님께 그럭저럭 잘 헌신해왔던 삶의 한 영역을 택하고 바로 거기에 있는 당신의 죄가 무엇인지를 성령님께 여쭈라. 오래 걸리지 않을 것이다. 거기에서 당신은 곤경에 처한 자신의 모습을 보게 될 것이다.

우리는 모든 곳에서 죄로 인한 고난에 빠져 있다. 하지만 이 사실을 아는 것이 우리를 향한 하나님의 은혜다. 그것이 우리에게 회개할 기회를 주기 때문이다.

이사야가 자신의 죄인 됨을 철저하고 자유롭게 고백했던 것처럼, 우리도 그렇게 회개하게 되기를 소망한다. 그때 우리는 이렇게 말할 것이다. "여호와여 우리에게 은혜를 베푸소서 우리가 주를 앙망하오니 주는 아침마다 우리의 팔이 되시며 환난 때에 우리의 구원이 되소서"(사 33:2).

하나님의 구원

이사야가 하나님 앞에서 할 수 있었던 유일한 일은 진정한 죄 고백이었다. 우리 역시 우리의 죄책이라는 큰 환난을 해결하기 위해 할 수 있는 일이 없다. 오직 우리의 죄를 인정하는 것뿐이다. 하지만 하나님께는 하실 수 있는 일이 있고, 반드시 그 일을 하신다!

이사야가 자기 죄를 고백하자마자 "그 스랍 중의 하나"가 그에게 날아왔다. 그 "손에" "제단에서 집은 바 핀 숯"을 가지고 있었다. 그 천사는 불타는 숯을 이사야의 입술에 대며 이렇게 말했다. "보라 이것이 네 입에 닿았으니 네 악이 제하여졌고 네 죄가 사하여졌느니라"(사 6:6-7).

이 구절은 우리에게 죄 용서에 대한 많은 것을 가르쳐준다. 특히 하나님께서 우리를 용서하실 때까지 기다릴 필요가 없다는 것, 우리가 회개하는 그 순간에 즉시 용서받는다는 것을 가르쳐준다.

따라서 우리가 죄에 대한 죄책감을 느낄 때 지체해선 안 된다. 오히려 곧장 하나님께 달려가 철저히 죄를 고백해야 한다.

은혜로우신 하나님은 우리 죄를 용서하신다. 하나님은 이사야가 얼마나 큰 환난 중에 있었는지(그가 얼마나 비참한 죄인인지) 아셨지만, 그를 파멸시키지 않으시고 구원하셨다! 그 죄가 무엇이든, 우리가 하나님 앞에서 그 죄를 고백할 때 천사가 이사야에게 날아온 것처럼 하나님의 자비가 우리에게 날아온다.

그분의 자비와 용서는 온갖 죄에 대한 것이다. 이것이 우리가 이 구절에서 배우는 또 하나의 교훈이다.

하나님은 특정한 죄에 특별한 용서를 베푸신다. 스랍은 이사야의 입을 숯으로 만지면서 선지자가 고백했던 죄, 즉 부정한 입술을 정확하게 다루었다. 그것은 몹시 고통스러웠을 것이다. 스랍이 숯을 집기 위해 부젓가락을 사용했다는 사실에 주목하라. 천사가 숯을 들어 한 일은 고통스러운 만큼 효과적이었다. 이사야의 죄가 완전히 깨끗해졌기 때문이다. 즉 이사야의 철저한 죄 고백 뒤에 온전한 죄 씻음이 왔다.

더불어 이 구절들은 용서가 피에서 비롯된다는 사실을 말해준다. 스랍의 불타는 숯은 속죄제가 드려진 제단에서 왔다. 이것이 바로 이사야의 죄책이 제거되고 그가 죄를 용서받은 이유다. 어린양이 죽임을 당했다. 피가 쏟아졌다. 심판의 불이 붙여졌고, 그 결과 이사야의 괴로움이 끝났다.

할렐루야! 이 모든 은혜가 예수 그리스도 안에서 우리에게 주어진다.

우리가 죄인이기 때문에 환난에 처할 때('처한다면'이 아니라 '처할 때다') 구원받을 수 있는 길이 있다.

우리가 우리의 죄를 고백하는 순간, 하나님께서는 그분의 용서를 가지고 우리에게 날아오신다. 예수님이 완성하셨고 우리 죄에 곧장 적용하시는 속죄를 성령께서 취하신다.

교만, 질투, 욕망, 탐욕, 도적질, 부정직, 편견 등 우리의 모든 죄를 예수님이 십자가에서 해결하셨다.

　십자가 때문에 우리는 더 이상 "화로다 나여!"라고 말할 필요가 없다. 그 대신 "예수님, 감사합니다."라고 말할 수 있다. 그 후에야 비로소 우리는 이사야가 그 다음에 한 말을 할 수 있을 것이다.

　"내가 여기 있나이다. 나를 보내소서."

나눔을 위한 질문

이스라엘은 왕의 죄 때문에 깊은 환난에 빠졌다. 그야말로 불경건한 시대였다. 하지만 자비로우신 하나님께서 그분의 대언자인 선지자 이사야를 통해 소망과 도움을 주셨다. 반역하는 하나님의 백성은 하나님께로부터 직접 계시를 듣는 기회를 가졌다. 처음에는 그다지 희망적인 메시지처럼 보이지 않았다. 오히려 하나님께서 구원이 아닌 심판을 보내실 것 같았다. 하나님의 백성이 그들의 처지에서 벗어나려면 무엇보다 그것을 제대로 이해해야 했다. 이 진리는 우리에게도 해당된다. 우리가 하나님께서 베푸시는 은혜를 받으려면 고난에 깊이 직면해야 한다. 우리가 우리의 죄를 고백하고, 그것을 있는 그대로(하나님에 대한 반역으로) 인정하고, 그것으로부터 돌이킬 때, 신실하신 하나님께서 우리를 용서하시고 정결케 하신다.

1. 당신의 삶에서 하나님께 굴복하기 쉬운 영역은 무엇입니까? 반대로 하나님께 맡기기 어려운 영역은 무엇입니까?

2. 이 책은 이사야가 이스라엘을 향해 선포했던 여섯 가지 화를 나열합니다. 즉 부당한 풍요, 술 취함, 부정직, 상대주의적인 도덕성, 지적 교만, 부당함 등입니다. 당신이 속한 문화 및 교회생활과 일상의 삶에서 동일한 죄가 어떤 식으로 실행되는지 이야기해 봅시다.

3. 이사야 6장 1-7절을 읽고, 이사야가 자신의 오감(시각, 청각, 촉각, 후각, 미각)을 통해 무엇을 경험하고 있는지 설명해 봅시다. 그의 묘사 중 특히 생동감 있거나 놀랍게 느껴지는 것은 무엇입니까?

4. 하나님의 놀라운 거룩하심을 경험한 이사야의 반응은 깊은 회개였습니다. 그가 고백해야 했던 특별한 죄는 무엇이었습니까? 그의 고백에서 우리는 죄와 회개에 관해 무엇을 배울 수 있습니까?

5. 이사야 선지자는 혀의 죄가 자신의 죄 목록 중 가장 하위에 있을 거라 생각했을 것입니다. 하지만 하나님께서 그의 양심을 찌르신 영역은 바로 죄악된 말이었습니다. 당신의 영혼을 찌를 만큼 가슴 아팠던 죄는 무엇입니까? 그 영역에서 타락했음을 깨닫게 한 상황은 무엇이었습니까?

6. 이사야는 하나님의 보좌가 있는 방에 들어가는 유익을 누렸고, 이것이 그의 회개를 촉발했습니다. 당신은 얼마나 정기적으로 하나님의 성품과 거룩하심을 묵상하고, 하나님께서 당신 안에서 일하시도록 마음을 드립니까? 당신이 하나님의 거룩하심을 묵상하는 데 도움이 되는 환경이나 습관은 무엇입니까?

7. 최근에 당신이 가장 자신 있다고 생각하는 영역에서 하나님이 당신의 죄를 지적하시도록 귀 기울인 것은 언제입니까? 당신의 삶에서 하나님의 부르심을 성취하고 하나님의 축복을 더 많이 경험하기 전에 다뤄야 할 죄는 무엇입니까? 당신의 경건 생활에서 더 자주 회개할 수 있는 방법은 무엇입니까?

8. 이사야 6장 6-7절에서 당신이 얻을 수 있는 하나님의 용서의 원칙은 무엇입니까?

죽고 싶을 만큼 절망했던 엘리야

"여호와여 넉넉하오니"
(왕상 19:1-18)

바알의 선지자 450명을 상대했던 갈멜산에서의 영적 대결이 끝나고 얼마 안 되었을 때 엘리야에게 고난이 찾아왔다. 진짜 고난이었다.

불과 며칠 전, 하나님의 선지자는 완벽한 승리를 거두었다. 그의 사역의 정당성이 입증되었고 적들은 패했다. 그의 기도가 응답되었다. 온 나라가 하나님께로 마음을 돌이키는 것을 보았다.

하지만 그건 그때다. 지금 엘리야는 탈진했고, 우울했고, 자포자기 심정이었다. 선지자인 그의 영혼이 건강하지 못했다. 결국 외딴 나무 아래 홀로 앉아 이렇게 말했다. "주님, 이것으로 충분합니다. 제 생명을 원하신다면 지금 거두셔도 좋습니다. 하루도 더 살고 싶지 않습니다."

위대한 하나님의 사람

엘리야가 암흑으로 사라져갈 때, 우리는 이 위대한 하나님의 사람이 이룬 영적인 업적을 기억해야 한다.

하나님의 백성에게 엘리야는 어두운 환난의 때에 뜨겁게 타오르며 빛나는 빛이었다. 대담하게도 그는 사악한 아합 왕을 찾아가 우상숭배에 대한 벌로 이스라엘에 비가 오지 않을 것이라고 말했다(왕상 17:1). 그리고 그때부터 3년 반 동안 엘리야는 하나님께 하늘을 닫아 비가 오지 않게 해달라고 기도했다(약 5:17 참고).

선지자의 기도는 응답되었다. 가뭄이 계속되는 동안, 엘리야는 하나님의 섭리 안에서 매일의 믿음으로 살았다. 하나님의 명령에 순종하여 그릿 시냇가로 가서 숨었을 때는 매일 까마귀들이 주는 음식을 먹었다(왕상 17:2-6).

시내가 마르자 그는 사르밧으로 갔고, 거기서도 하나님께서 그에게 일용할 양식을 주실 것을 신뢰했다. 하루하루가 지나도 통의 밀가루가 떨어지지 않았고 병의 기름이 없어지지 않았다(왕상 17:7-16).

또한 엘리야는 하나님의 부활의 능력을 믿었다. 과부의 어린 아들이 죽었을 때 선지자는 그의 생명이 되돌아오기를 기도했고 결국 그 소년은 살아났다(왕상 17:17-24).

그 후 엘리야는 갈멜산에 올라 바알의 선지자들과 대면했다. 각 편이 제물로 삼을 송아지를 준비하고 각자의 신에게 기도하기로 했다. 어느 쪽이든 먼저 하늘로부터 불로 응답받는 쪽이 이스라엘의 참하나님이라 했다.

엘리야는 바알의 선지자들이 먼저 기도하게 했다. 이른바 '홈 어드밴티지'를 준 것이다.

그들은 온종일 기도했다. "바알이여, 우리에게 응답하소서!" 하지만 아무 일도 일어나지 않았다. 그리고 잠시 후 엘리야가 살아계신 참하나님께 기도하자 하늘로부터 불이 내려와 모든 것을 태워버렸다(왕상 18:30-

38). 송아지도, 제단도, 물도 남지 않았다. 아무것도 남은 게 없었다.

그것을 본 이스라엘 백성이 엎드려 하나님께 경배했고, 엘리야는 거짓 선지자들을 가까운 시내로 데려가 죽였다(왕상 18:39-40).

이처럼 엘리야는 모든 선지자들 중에서도 가장 위대한 선지자이자 영적 거인이었다. 사실 그는 대부분의 사람들보다 더 겸손해야 할 점이 많았고, 실제로 겸손했다.

그러나 열왕기상 18장은 그가 이스르엘에 있는 궁전으로 가는 내내 아합 왕 앞에서 달려가는 것으로 끝난다(왕상 18:44-46). 이것은 성경에 등장하는 엄청난 묘기 중 하나다.

그렇게 엘리야는 성령의 능력으로 약 30km를 달렸고 말과 마차보다 목적지에 먼저 도착했다. 이로써 선지자는 겸손하게 자신을 왕의 종으로 여겼다. 당시 왕은 왕실 사람들의 도착을 알리는 전령들을 뒤따라 들어갔기 때문이다(에 6:11 참고).

또한 엘리야는 용기와 믿음과 겸손에서도 위대한 하나님의 사람이었다. 너무도 상심한 나머지 죽기를 원했다는 이야기와는 도무지 어울리지 않는 사람이었다.

하지만 우리는 열왕기상 19장에서 자살을 예고하는 징후들을 많이 본다. 즉 엘리야는 죽기 원했다. 절망을 느꼈다. 무모하게 행동했고 과하게 잠을 잤다. 고립감을 느꼈고 인간관계를 끊었다.[1]

그 결과 무슨 일이 일어났을까?

죽고 싶은 심정

아합의 마차가 이스르엘에 도착했을 때, 질투에 사로잡힌 여왕 이세벨은 왕을 맞을 준비를 하며 좋은 소식을 기대하고 있었다. 그러나 그녀의 선지자들이 죽었다는 소식을 듣고 사나운 분노를 발하며 엘리야에게 '다음은 네 차례'라는 언지를 보냈다(왕상 19:2). 그 순간 엘리야는 자기가 이미 죽은 사람과 다름없다는 걸 알게 되었고 모든 용기를 잃어버렸다. 선지자의 위대한 믿음이 갑작스런 불안감으로 쫓기듯 사라져버렸다. 성경은 "그가 이 형편을 보고 일어나 자기의 생명을 위해 도망"하였다고 말한다(왕상 19:3).

사람이 목숨을 걸고 도망할 때는 장거리도 얼마든지 달릴 수 있다. 그때 엘리야는 브엘세바에 이르기까지 약 145km를 달렸다. 그리고 광야를 지나 또 다시 하룻길을 갔다(왕상 19:4).

그렇게 달리고 또 달려서 마침내 외딴 나무 아래 주저앉았다. 그리고 기도했다.

그 순간 기도의 사람 엘리야의 기도가 어떠했는가? "여호와여 넉넉하오니 지금 내 생명을 거두시옵소서 나는 내 조상들보다 낫지 못하니이다"(왕상 19:4).

절대 절망의 순간(그 순간 그는 세상에서 가장 고독한 사람이었을지 모른다)에도 엘리야는 죽을힘을 다해 기도했다. 자신의 불만을 하나님께 가져갔고, 스스로 목숨을 취하기보다(그런 유혹을 받았겠지만) 자기가 죽을 수 있는지를 하나님께 여쭈었다.

그는 마음속 깊이 자살이 죄(용서받을 수 없는 죄)라는 것을 알고 있었다. 행악의 죄라기보다 연약함의 죄지만, 그렇다 해도 엄연히 죄다. 때문에 엘리야는 죽고 싶은 순간까지도 삶과 죽음을 주관하시는 하나님의 주권을 인정했다.

우리는 욥에게서도(욥 10:18-19), 모세에게서도(민 11:15), 예레미야에게서도(렘 20:14), 요나에게서도(욘 4:3) 같은 모습을 본다. 그들 모두가 죽기를 바랐지만 스스로 목숨을 끊지는 않았다. 그 대신 자신의 절망을 기도로 하나님께 가져갔다.

조나단 블랑차드의 삶에도 이와 비슷한 모습이 있다.

그는 19세기 노예 폐지론자로서 휘튼대학의 1대 총장이었다. 블랑차드는 수차례 절망에 빠지곤 했다. 특히 긴 겨울에는 그런 일이 더욱 빈번했다.

어느 주일, 그는 일기에 '하나님께 버림받았고' '무기력한 고통'에 내버려진 느낌이라고 썼다. 며칠 뒤인 화요일에는 '어둠의 공포'를 계속 경험하고 있다고 적었다.

하지만 그는 기도로 하나님께 돌이켰고, 혼자 힘으로 할 수 없는 것을 하나님께 도와달라고 간구했다.[2]

우울증을 경험해본 사람이라면 엘리야의 기분을 알 것이다. 하지만 그런 경험이 전혀 없는 사람도 자기를 둘러싸고 있는 비통한 울부짖음에 민감해지는 법을 배울 수 있다.

엘리야의 절망적인 호소는 1996년의 영화 '트랜스포팅'(Trainspotting)에서 현대적인 메아리로 발견된다. 주인공이 이렇게 말하는 장면이 있다

(원색적으로 편집했다).

삶을 선택해. 직업을 선택해. 경력을 선택해. 가족을 선택해. 큰 텔레비전을 선택해. … 저 소파에 앉아 지성을 마비시키고 영혼을 뭉개버리는 오락 프로그램을 보기로 선택해. … 그렇게 절망적인 집구석에서 썩어버리기로 선택해. 너를 대신하려고 낳았던 자식들은 … 이기적인 자들에겐 골칫거리에 불과하잖아. … 내가 왜 이런 짓을 하고 싶겠어? 삶을 선택하지 않기로 했기 때문이야. 대신 다른 걸 선택했지. 이유가 뭐냐고? 이유는 없어. 헤로인을 맞을 때 무슨 이유 따위가 필요하겠어!

엘리야는 텔레비전을 본 적도, 마약을 한 적도 없지만, 느끼는 방식은 같다. 광야에 있는 외딴 나무에 도착할 때까지, 엘리야는 삶을 선택하지 않기로 결정했다. 시인 도널드 홀처럼, 그는 "자고, 화내고, 시간을 때우고, 죽기" 원했다.[3]

어떤 사람들은 예수님을 믿게 되면 자기의 모든 고난이 끝날 거라고 생각한다. 하나님께서 그들에게 더 좋은 일자리를 구해주시고, 딱 맞는 배우자를 찾아주시고, 죄의 유혹을 제거해주실 거라고 말이다.

하지만 예수 그리스도의 구원은 인생의 고난에 종말을 고하지 않는다. 오히려 본격적으로 고난이 시작되는 경우도 있다.

즉 그리스도인들도 상한다. 낙심하고 우울해한다. 어떤 때는 너무나 두려운 나머지 자신의 소명을 버리고 살기 위해 도망치거나 자살의 유혹에 직면하기도 한다. 영적 리더들조차 겁먹고 그만두고 도망하고 모든 것을 끝낼 생각을 한다.

그래서 엘리야가 그 나무 아래 누운 것을 볼 때, 우리도 자신의 연약함을 본다.

영적 우울증의 원인

엘리야의 우울증을 그럴듯하게 설명하는 건 어렵지 않다. 그에게는 자살할 이유가 열 개도 넘었다.

첫째, **육체적 피로**다. 엘리야는 기진맥진했다. 그는 이스르엘까지 약 30km를 달렸고, 브엘세바까지 다시 145km를 달렸다. 그의 여정이 끝나는 호렙산에 도착할 때까지(왕상 19:8) 계산하면 총 480km 이상을 달린 셈이다. 따라서 강건한 사람이었던 엘리야도 당시는 육체적으로 완전히 붕괴하기 직전이었다.

지친 신자는 취약해진다. 몇몇 위대한 지도자들의 말처럼, 피로는 우리 모두를 겁쟁이로 만든다.

둘째, **고립**이다. 성도의 교제 없이도 성장하거나 살아남을 수 있는 그리스도인은 없다. 그런데 엘리야는 사실상 3년 넘도록 혼자였다. 더욱이 그 순간에는 철저히 혼자였다. 엘리야는 고의적으로 자기의 사환을 브엘세바에 남겨두었고(왕상 19:3) 경건한 교제로부터 자기 자신을 끊어버렸다.

다음은 **영적인 공격**이다. 엘리야는 바알의 모든 선지자들을 홀로 맞섰다. 결국 그들을 이겼지만, 이후 사탄의 안주인인 이세벨의 협박을 받았다. 그렇게 선지자는 직접적인 영적 공격을 받았다. 가혹한 영적 싸움은 신자를 절망의 지점으로 데려가기 마련이다.

엘리야의 우울증에 대한 또 하나의 설명이 있다. 바로 **감정의 정상적인 흐름**이다.

선지자는 방금 영적인 정점(頂點)을 경험했다. 그것은 궁극의 정상(頂上)이었다. 그는 갈멜산에서 불로 임하시는 하나님의 강력한 행사를 목격했고, 곧바로 현실로 되돌아왔다. 따라서 그토록 우울해지는 것이 오히려 당연하다. 단순한 감정만으로 경건한 삶을 살 수 있는 사람은 아무도 없다.

이러한 엘리야의 감정적 취약함에 덧붙이고 싶은 것은 하나님의 이름으로 사역한 후에 종종 나타나는 **공허감**이다. 엘리야가 산꼭대기에 있을 때는 여호와의 힘이 그의 모든 영역에 가득했다. 하지만 지금은 그 그릇이 텅 비었다. 하나님의 말씀을 전하는 일에는 이와 같이 기진맥진하는 게 일상이다.

때문에 목사들은 엘리야의 우울증을 가장 잘 이해할 것이다. 그들은 하나님의 말씀을 선포하는 데 온 힘을 쏟은 후 종종 탈진해버린다.

도널드 베이커 목사는 『우울증: 인생의 어두운 그림자에서 소망과 의미 찾기』(Depression: Finding Hope and Meaning in Life's Darkest Shadow)라는 책에서 이러한 공허감을 다음과 같이 묘사한다.

> 나는 열정적으로 힘 있게 설교할 수 있었다. 열심을 다해 성공적으로 그리스도를 전할 수 있었다. 깊은 통찰로 상담하고 순전한 기쁨으로 교제하

곤 했다. 하지만 아무 예고도 없이, 갑자기 이 모든 기쁨과 긍정적인 감정들이 우울한 감정과 주기적인 심약함에게 자리를 내주곤 했다. 그렇게 나는 종종 위축되었고, 편집증이 찾아왔다. 순식간에 열등감과 부적합하다는 느낌에 압도되었다. 이따금 막연히 자기 파괴적인 생각(자살을 가리킨다-역주)을 떠올렸다. … 내적 갈등은 눈에 보이지 않는 절정으로 치달았다. 그때 나는 나 자신이 너무 지쳐서 목회할 수 없고, 적대감에 사로잡혀서 사랑할 수 없고, 겁에 질린 나머지 설교할 수 없다는 걸 발견했다.[4]

그렇다면 **무너진 기대감**은 어떤가? 아마도 엘리야는 자신의 승리로 이스라엘이 하나님께 돌아올 거라 확신하며 궁궐에 갔을 것이다. 하지만 이세벨 여왕을 만나고 마치 차가운 따귀를 맞은 듯했다. 그는 전투에서 이겼지만 아직 전쟁에서 완전히 승리하지는 않았다. 그를 낙심하게 만드는 냉정한 현실이었다.

엘리야의 기대가 무너지면서 두려움이라는 매우 자연스런 반응이 찾아왔다.

성경은 이것을 명시한다. "엘리야가 두려워하여"(왕상 19:3)("Then he was afraid"[ESV], 한글 개역개정에는 "그가 이 형편을 보고"라고 번역되었다-역주). 두려움에 사로잡히고 자기 목숨이 눈앞으로 지나가던 그 순간, 엘리야는 주님에게서 시선을 거두어 자기의 환난에 고정시켰다.

게다가 그에게는 **죄책감**의 문제가 있었다. 엘리야는 자기 방향으로 도망쳤다. 이른바 '무단결근'이었다. 그는 전투가 한창일 때 자기 자리를 버렸고, 나라의 영적 운명이 벼랑 끝에 걸려있는 순간에 거룩한 소명을 내팽개쳤다.

이렇듯 엘리야는 그의 가장 큰 강점(담대한 믿음)에서 비참하게 실패했다. 스스로 자기를 비난한 말과 같았다. "나는 내 조상들보다 낫지 못하니이다"(왕상 19:4).

많은 요인이 엘리야의 영적 우울증의 원인이 되었다. 그중 대부분은 간단하게(적어도 부분적으로) 치료할 수 있다. 그리고 그 치료책을 아는 것이 자가 치료의 중요한 점이다.

만약 우리가 영적인 우울증과 씨름하고 있다면, 할 수 있는 한 분명하게 그 원인을 밝히고 확실하고 실제적인 치료책을 적용해야 한다.

피곤할 땐 운동을 하고 휴식을 취해야 한다. 몸이 고장 났다면 영양소가 고루 갖춰진 건강한 식사를 해야 하고, 필요에 따라 적절한 의학적 도움을 받아야 한다. 고립되었다면 예배를 드리러 가고 크리스천 친구들과 대화해야 한다. 영적인 공격 아래 있다면 영적인 보호를 위해 기도해야 한다. 그리고 죄책감을 느낀다면 하나님과 서로에게 죄를 고백해야 한다.

당신은 사랑받고 있다

이 모든 치료책이 통한다면 더 바랄 게 없겠지만, 엘리야에게는 보다 깊은 필요가 있었다.

그의 이야기를 제대로 살펴보면, 그에게 구원자(예수 그리스도)가 절실히 필요하다는 사실이 명백해진다. 엘리야가 자신이 조상들보다 낫지 못하다고 말한 것은 사실상 자기 죄를 고백하는 것 이상이었다. 즉 그는 자기가 하나님께서 약속하신(신 18:15-18 참고) 선지자가 아니라는 사실을 인정하고 있었다. 다른 누군가가 와서 하나님의 백성을 구원해야 했다.

이후 엘리야는 모세와 함께 변화산에서 구원자(예수님을 가리킨다-역주)를 만났다(마 17:1-13). 하지만 그날이 오기 한참 전, 엘리야가 여전히 그 외딴 나무 아래 있을 때, 하나님께서 그의 기도에 응답하셨다. 예수님을 통해 우리에게 주시는 은혜와 똑같은 은혜를 그에게 보여주심으로써 말이다.

하나님은 엘리야를 버리지 않으셨다. 그의 인생에서 가장 어둡고 외로웠던 순간에 엘리야와 함께 계셨다.

성경은 이렇게 말한다. 선지자가 "로뎀 나무 아래에 누워 자더니 천사가 그를 어루만지며 그에게 이르되 일어나서 먹으라 하는지라 본즉 머리맡에 숯불에 구운 떡과 한 병 물이 있더라 이에 먹고 마시고 다시 누웠더니 여호와의 천사가 또 다시 와서 어루만지며 이르되 일어나 먹으라"(왕상 19:5-7).

엘리야는 천사의 어루만짐을 받았다. 그것도 두 번이나. 이런 사실은 하나님께서 그를 사랑하시되 그가 산꼭대기에서 말씀을 선포했을 때 사랑하셨던 것만큼이나 로뎀 나무 아래서 죽기를 바랄 때도 사랑하셨다는 것을 분명히 해준다.

그러므로 내적 갈등이 생기는 모든 순간에 다음의 교훈을 새기라. 하나님은 더할 나위 없이 당신을 사랑하신다. 예수님 안에서 당신을 향한 하나님의 사랑은 상황에 따라 변하지 않는다. 그 사랑은 영구적이다.

엘리야가 넉넉하다고 했을 때, 그는 하나님의 은혜가 넉넉함 이상이라는 사실을 발견했다. 깊은 낙심의 때에 하나님은 천사를 보내어 부드러운 손으로 선지자를 어루만지셨고, 그가 들을 수 있는 음성으로 말씀하셨다. 그리고 엘리야에게 꼭 필요한 휴식을 주셨다. 하나님은 선지자가 로뎀 나무 아래서 안전하고 평안하게 잠자게 하셨고, 먹은 후에도 다시 자도록 내버려두셨다. 엘리야를 회복시킨 그 잠은 성경의 매우 소중한 약속을 성취했다. "여호와께서 그의 사랑하시는 자에게는 잠을 주시는도다"(시 127:2).

이 모든 것이 중국의 화가 헤 키의 그림 '잠자는 엘리야'(Sleeping Elijah)에 아름답게 묘사되어 있다. 이 그림에서 엘리야는 땅 위에서 평온하게 자고, 천사가 그 위를 맴돈다. 부드러운 날개로 잠자는 선지자를 덮고, 한 손으로 천사의 입을 받쳐 그에게 은혜의 말을 속삭인다.

엘리야에게 막 구운 떡과 시원한 물을 준 것도 (그가 자고 일어난 후에 두 번째 음식을 가져다 준 것도) 하나님의 은혜였다.

하나님은 이 모든 일을 한 마디의 비난도 없이 베푸셨다. 엘리야가 하나님의 부르심으로부터 도망쳤고, 따라서 더 이상 하나님의 축복을 요구할 수 없었다는 사실을 기억하라. 그럼에도 하나님은 그에게 등을 돌리시거나 자기만족을 위해 미안해하지 말라고 하지 않으셨다. 오히려 은혜 위에 은혜를 보여주셨다. 하나님은 엘리야와 끝장내지 않으셨고, 엘리야의 인생에는 여전히 하나님의 나라를 위한 목적이 있었다.

우리의 인생도 그렇다. 오늘 우리가 아무리 낙심해 있어도, 하나님은 여전히 우리 미래에 대한 밝은 계획을 갖고 계시다.

이후 엘리야의 상황이 당장 나아진 것은 아니다. 오히려 더 나**빠**졌다. 선지자는 40주야를 이동하여 하나님의 산 호렙에 이르렀고, 그곳에 이르기까지 그 어느 때보다 낙심해 있었다.

하지만 이것은 전혀 놀랄 일이 아니다.

우울증은 좀처럼 고쳐지지 않는다. 그것을 없애려면 성경 두 구절을 묵상하고 교역자에게 전화를 걸어 위로받는 것 이상으로 수고해야 한다. 때로는 강인한 그리스도인도 하나님 나라에서 다시 기쁘게 섬기게 되기까지 수개월이 걸린다.

호렙산에 도착한 엘리야는 동굴로 들어갔다(아마도 하나님께서 오래전에 모세에게 나타나셨던 그 동굴일 것이다. 출 33:20-23 참고). 그리고 자기만의 은밀한 '연민의 파티'를 열며 이렇게 말했다.

"내가 만군의 하나님 여호와께 열심이 유별하오니 이는 이스라엘 자손이 주의 언약을 버리고 주의 제단을 헐며 칼로 주의 선지자들을 죽였음이오며 오직 나만 남았거늘 그들이 내 생명을 찾아 **빼앗**으려 하나이다"(왕상 19:10).

이때는 엘리야가 멋져 보이는 순간이 아니다. 그의 말은 상황을 실제보다 훨씬 더 나**빠** 보이게 만드는 절반의 사실, 부분적 거짓말, 경솔한 과장으로 가득하다.

이런 모습은 우울증을 느끼는 사람들에게 흔히 찾아오는 유혹이다. 14절에서 이 말이 다시 반복되는 것은 그가 호렙산으로 오는 내내 그 말을 되뇌며 준비했음을 암시한다.

지금 엘리야는 독선과 거만과 자기연민으로 가득하다. 그러면서 "불쌍한 나"라고 말하고 있다. 그가 자기 소명으로부터 도망치고 있다는 사실을 부인할 수 없는데도 그는 자기가 하나님을 위해 했던 일, 그리고 하나님께서 자기를 위해 해주지 않으셨던 일만을 떠올리고 있다.

마찬가지로 우리가 스스로에게 하는 말은 매우 중요하다. 우울증에 빠졌을 때 "난 이보다 더 나은 대접을 받아야 해." "더 이상 참을 수 없어." "아무도 날 도와줄 수 없어." "아무도 내 문제를 해결해줄 수 없어." "아무도 날 사랑하지 않아." "아무도 내 문제에 신경 쓰지 않아." "나만 겪는 일이야." 등을 말하고 싶은 유혹이 찾아온다. 그리고 실제로 자신에게 이런 말을 한다면, 낙심하게 되는 게 당연하다!

그러므로 우리는 이런 말 대신 스스로에게 복음을 설교해야 한다. 우리가 그리스도께 용납되었기 때문에 하나님은 결코 우리를 떠나거나 버리지 않으신다는 사실을 자신에게 계속 상기시켜야 한다.

호렙산에서 하나님은 엘리야를 버리지 않으셨다. 엘리야를 위해 여전히 거기에 계셨다. 그에게 계속 긍휼을 보이셨다. 그리고 그에게 말씀하셨다. 바람으로도, 지진으로도, 불로도 아닌 "세미한 소리"(왕상 19:12)였다. 그렇게 말씀하신 후, 하나님은 엘리야를 부드럽게 부르셔서 다시 하나님 나라를 적극적으로 섬기게 하셨다(왕상 19:15-18).

하나님의 자비로 말미암아 엘리야의 충성스런 선지자 사역은 계속되었고 하나님의 백성을 향한 축복도 계속되었다. 사역을 끝내기는커녕, 엘리야의 우울증은 이후의 더 풍성한 열매를 위한 기초가 되었다.

찰스 스펄전은 이와 유사한 은혜를 간증했다.

내가 무시무시한 영혼의 우울증을 겪었던 것에 대해 하나님께 대단히 감사할 때가 많다. 나는 절망의 끝이 어디인지 안다. 내 발이 거의 들어갈 뻔한 어둠의 소용돌이의 무서운 끝을 안다. 덕분에 나는 똑같은 상황에 빠진 형제자매들에게 수백 번이나 도움을 줄 수 있었다. 그 손길은, 내가 그들의 깊은 낙심을 몰랐다면 결코 줄 수 없었을 도움이다. 그러므로 나는 믿는다. 그리스도를 따르는 하나님의 자녀가 겪는 칠흑같이 어둡고 두려운 경험은 그로 하여금 사람을 낚는 어부가 되도록 도울 것이다.[5]

하나님께서 호렙산과 로뎀 나무 아래에서 엘리야를 돌보신 방법은 낙심하거나 우울증에 빠진 사람들을 우리가 어떻게 도와야 하는지 이해하게 한다.

그들에게는 많은 조언이 필요하지 않다. 어쩌면 그들에게 무엇이 잘못됐는지 말해줄 필요가 없을 것이다. 그들에게는 말을 많이 하는 사람이 필요 없다. 그들에게 필요한 것은 부드러운 어루만짐, 인격적인 교제, 그리고 일상의 필요를 돌보아주는 누군가다. 그들은 자기가 깊이 사랑받고 있다는 사실을 알아야 한다. 그들은 우리뿐 아니라 하나님께도 사랑받고 있다. 하나님은 여전히 그들의 인생에 애정 어린 목적을 갖고 계시다.

어느 어두운 밤, 우리 집 아이가 매우 곤란한 지경에 빠졌고, 주된 원인은 자기 자신에게 있었다.

나는 스스로에게 물었다. '아이에게 필요한 게 뭘까? 교정을 위한 엄격한 말일까? 훈계일까? 격려의 말일까?'

상황에 따라서는 그중 하나가 적합할 수 있다. 하지만 그날 밤 아이에게 필요했던 것은 대부분의 사람들이 그런 순간을 맞을 때 필요로 하는 것이었다.

아이에겐 자기 어깨에 드리워진 부드러운 손이 필요했다. 자기가 깊이, 진정으로 사랑받고 있다는 말을 들어야 했다. 그리고 자기가 슬픔에 사로잡힌 게 아님을, 자기 미래에 소망이 있음을 알아야 했다.

당신은 하나님의 자녀다. 그러므로 하늘 아버지께서도 당신에게 같은 은혜를 주신다.

그분은 엘리야에게 주셨던 모든 것을 당신에게도 주실 것이다. 지친 영혼을 위한 안식처 되시는 예수 그리스도를 통해서 말이다.

예수님은 이렇게 말씀하신다. "수고하고 무거운 짐 진 자들아 다 내게로 오라 내가 너희를 쉬게 하리라"(마 11:28). "나는 생명의 떡이니 내게 오는 자는 결코 주리지 아니할 터이요 나를 믿는 자는 영원히 목마르지 아니하리라"(요 6:35). 또한 예수 그리스도는 죄에 대한 용서이시다. 그를 믿는 자에게는 지금부터 영원토록 결코 정죄함이 없다(롬 8:1).

완전한 답

이미 넉넉하다고 느낄 때마다 우리는 예수님께로 돌아가 그분은 넉넉함 이상이심을 다시 배워야 한다. 이것은 주일학교에서 배우는 정답이 아니다. 완전한 답이다. 왜냐하면 예수님은 우리에게 필요한 전부이시기 때문이다.

그분은 우리가 은밀한 곳에서 드리는 고뇌의 기도를 들으신다. 우리의 낙심과 우울함을 아신다. 사태가 얼마나 심각한지도 아신다. 또한 도와달라는 우리의 부르짖음을 들으시고 우리를 버리지 않으신다. 여전히 우리를 사랑하시고 손을 뻗어 우리를 어루만지신다. 우리의 불경건한 죄를 용서하시고 우리의 지친 영혼에 안식을 주기 원하신다.

휘튼대학의 한 학생은 고난의 때에 자기를 향한 하나님의 은혜를 깨닫고 다음과 같은 신앙고백(그의 표현에 따르면 "나를 위한 신앙고백")을 썼다.

> 나는 은혜를 믿습니다. 예수님이 십자가 위에서 단번에 모든 것을 이루신 단회적인 은혜뿐 아니라 매일 내 삶에 스며드는 은혜, 불가피하게 죄를 지을 때 나에게 제공되는 용서의 은혜, 나에게 현재와 미래의 구속(救贖)을 제공하는 은혜를 믿습니다.
>
> 하지만 이러한 믿음 이상이 있습니다. 바로 깊은 고통입니다. 나는 기쁨보다 더 자주 죄의 포로가 됩니다. 이해할 수조차 없는 고달픔이 있습니다. 지금 나의 내면에서 일어나는 소용돌이만 적어보아도 한 페이지 이상을 가득 채울 것입니다. 하지만 다음과 같이 말하는 것으로 넉넉합니다. 세상만사에 편재한 고통에 씨름하고 슬퍼하고 요구하기 위해, 나는 여전히 믿습니다.[6]

우리가 예수님과 십자가로 되돌아갈 때마다 우리의 마음에서 믿음이 일어난다. 그곳이 바로 엘리야의 절망적인 우울증 이야기가 우리를 주목하게 하는 지점이다.

19세기로 돌아가보자. 독일의 목사 F. W. 크룸마허는 엘리야의 나무를 예수님이 돌아가신 십자가에 비유했다. 그의 말은 선지자 엘리야에 대한 멋진 마무리일 뿐 아니라 우리 자신의 순례에 대한 지혜로운 격려이기도 하다.

들으라. 이제 됐다고, 더 이상 삶의 짐을 질 수 없다고 여겨질 때마다, 엘리야처럼 당신도 고독한 침묵의 장소로 도망치라. 그러면 내가 당신에게 한 '나무'를 보여줄 것이고, 거기서 당신은 자신을 내려놓게 될 것이다. 그곳은 십자가다. '나무', 영혼을 찌르는 가시들로 뒤덮인 곳, 마음을 상하게 하고 고통과 아픔을 야기하는 못들로 … 조롱당하는 곳이다. 십자가 앞에서 당신은 더 이상 당신의 고통이 크다고 불평하지 못할 것이다. 왜냐하면 … 예수 그리스도 안에서 불쌍한 죄인(당신)을 향한 하나님의 사랑이 곧 당신의 모든 생각과 비방을 떠나가게 하기 때문이다. … 십자가 아래서 당신의 불평은 곧 주님의 평안으로 흡수될 것이다.[71]

나눔을 위한 질문

누구나 깊은 낙심에 빠질 수 있다. 누구보다 독실한 복음의 수호자들도 포기하고 싶은 상황, 하나님이 진짜인지를 의심하는 상황에 이를 수 있다. 문제는 '우리의 의심을 어떻게 처리할 것인가?'다. 하나님께 가져가서 그분의 도우심을 기다릴 것인가, 아니면 자기감정에 빠져있을 것인가? 엘리야의 이야기는 우리가 하나님께 구할 때, 하나님께서 우리에게 자신을 계시하심으로 우리가 고난에서 벗어날 길을 발견하도록 도우신다는 것을 가르쳐준다.

1. 당신의 믿음에 가장 위협이 되는 감정이나 상황은 무엇입니까? 어떤 종류의 경험이 당신을 낙심과 의심에 빠지게 합니까?

2. 건강하든, 건강하지 못하든, 당신은 낙심하거나 의심이 생길 때 무엇을 합니까? 그런 어두운 시기에 당신이 해야 할 일은 무엇입니까? 고난의 때에 당신의 영혼을 새롭게 하고 하나님의 은혜를 경험하도록 돕는 활동이나 훈련에는 어떤 것이 있습니까?

3. 열왕기상 19장 1-10절을 읽어봅시다. 여기에서 우리는 엘리야 선지자가 극심한 낙심에 빠져 있는 것을 발견합니다. 이 본문과 앞에 있는 장들을 살펴볼 때, 어떤 요인이 엘리야의 영적 우울증에 영향을 미쳤습니까? 그 요인들 중 당신의 삶에 낙심과 의심을 야기하는 것은 무엇입니까?

4. 엘리야는 낙심했을 때 무엇을 했습니까? 그가 취한 행동 중 우리에게 본받을 모범으로 교훈을 주는 것은 무엇입니까? 낙심할 때 하지 말아야 할 행동이나 우리에게 경고가 되는 행동은 무엇입니까?

5. 열왕기상 19장 11-21절의 나머지 이야기를 읽고 하나님께서 엘리야를 돌보신 방법을 모두 적어봅시다(5-7절도 참고). 이 목록은 우리에게 하나님의 어떤 성품을 가르쳐줍니까? 하나님께서 낙심과 절망의 때에 자기 백성을 돌보시는 것과 관련하여 엘리야의 경험에서 발견할 수 있는 원칙은 무엇입니까?

6. 엘리야의 인생에서 그와 하나님의 대화로 비롯된 결과는 무엇입니까? 열왕기상 19장 4절부터 21절까지 어떤 변화를 발견합니까?

7. 낙심을 다루는 일에서 본문이 주는 실제적인 조언은 무엇입니까? 그것이 다른 사람이 우울한 시기를 지나도록 도울 때 어떻게 활용됩니까?

사별과 가난으로 살 길이 막막했던 룻

"어머니께서
죽으시는 곳에서
나도 죽어"
(룻 1:1-18)

사사들의 시대에(이스라엘에 왕이 없고 땅에 흉년이 들었던 때에) 룻에게 고난이 찾아왔다. 진짜 고난이었다.

번영의 시기가 끝난 후, 룻의 가족은 연이어 재앙을 겪었다. 배고픔, 가난, 그리고 보호와 생계를 책임질 수 있는 모든 성인 남자의 죽음이었다. 모압에서 베들레헴으로 인도되는 길고도 고된 길을 반쯤 왔을 때, 룻은 선택해야 했다. 그녀의 운명을 결정지을 선택이자, 우리의 구원이라는 큰 이야기 속에서 작지만 꼭 필요한 역할을 하게 될 선택이었다.

극빈과 위험에 처한 과부

룻이 얼마나 큰 환난에 빠졌는지 이해하기 위해, 그리고 그녀의 선택이 가져온 구원의 결과를 이해하기 위해 우리는 그녀의 세계로 들어가야 한다.

룻은 누구인가? 그녀의 경험은 무엇이었는가? 고난의 때에 그녀는 어떤 도움을 발견했는가?

하나님의 섭리로 룻은 베들레헴에서 온 한 남자와 결혼했다. 사실 이것만으로도 특별하다. 왜냐하면 룻은 유대인이 아닌 모압인이었기 때문이다. 당시 대부분의 유대 남자들은 이방인을 신부로 맞이하지 않았다. 특히 모압 사람은 이스라엘의 총회에 들어와 예배하는 것이 금지되었다

(신 23:3). 그럼에도 룻은 말론과 결혼했고, 말론의 가족은 이스라엘의 극심한 흉년을 피하기 위해 모압 땅으로 도피했다.

10년이 다 되도록 그들은 평화와 번영을 누리며 살았다. 룻과 말론, 말론의 어머니 나오미(그녀는 과부였다. 남편은 모압에 도착한 후 죽었다), 그리고 말론의 형제 기룐, 기룐과 결혼한 또 다른 모압 여인 오르바, 이렇게 다섯 식구였다.

그런데 갑자기 모든 것이 변했다. 짧은 간격으로 말론과 기룐이 죽었다. 우리는 그들이 죽은 원인을 모르지만 결과는 안다. 나오미, 룻, 오르바가 남성에게 모든 특권을 주는 문화 속에서 스스로 살아가게 되었다는 사실이다. 그렇게 이 여인들은 온갖 환난 가운데 놓이게 되었다.

무엇보다 그들은 남편을 잃은 상실감으로 비통해했다. 사별은 누구라도 아파할 가장 고통스런 슬픔이다. 홈즈-레어 스트레스 목록에 따르면 '배우자의 죽음'이 1위를 차지하고 2위와의 격차도 크다. 그 시기(젊은 부부건 나이 든 부부건)에 상관없이 남편이나 아내의 죽음은 모든 것을 바꾸어 놓는다. 수년간 비통함을 겪으며 그 영향이 평생 지속된다. 다음과 같은 어느 여인의 말과 같다. "남편을 잃었을 때 나는 가장 친한 친구를 잃었습니다. … 내 인생의 동반자를 잃었습니다. … 마음을 터놓는 친구를 잃었습니다. … 미래의 꿈을 잃었습니다. … 사업 파트너를 잃었습니다. … 나 자신을 잃었습니다."[1]

어쩌면 룻도 이와 똑같이 자신의 일부를 잃은 것처럼 느꼈을 것이다. 비탄에 빠진 과부 룻을 생각해보자. 그녀의 고통은 우리 자신의 안타까운 상실과 사랑하는 이들의 슬픔을 떠올리게 만든다. 누구나 짐을 지고 간다. 그것은 매일 생각나는 무언가, 즉 아버지나 어머니, 형제나 자매의 죽음일 수 있다. 간절히 소망하지만 결코 이루어지지 않는 무언가, 즉 꿈의 죽음일 수도 있다. 우리가 가졌다고 생각했지만 지금은 없던 일이 되어버린 가족의 죽음일 수도 있다. 비통이란, 인생이 결코 동일하지 않음을 아는 고통이다.

하지만 그게 전부가 아니다. 한 가정에서 세 남자의 죽음은 사회적으로, 그리고 재정적으로 파괴적인 영향을 미친다.

고대 사회에서 온 누구에게라도 이 이야기를 해준 다음 이후에 무슨 일이 일어날지 물어본다면 그들은 이 여인들이 극빈과 위험에 직면하게 될 거라고 대답할 것이다. 즉 나오미는 베들레헴에서 노숙자가 될 것이다. 룻도 궁핍하기는 마찬가지다. 고향이라고 부를 만한 땅도, 수입원도 없이 몰락한 채 이민자로 살면서 누군가의 밭 변두리에서 먹을 것을 줍게 될 것이다.

뿐만 아니라 이 여인들은 이제 어디로 갈 것인지를 결정함에 있어서도 신중해야 한다. 남자들이 그들을 이용하려 할 것이기 때문이다. 사사기의 후반부는 강간, 살인, 사지절단 등 그 지역의 성폭행에 관한 추악한 이야기로 가득하다.

아마도 이 책을 읽는 사람들 중에는 이 여인들이 직면한 곤경을 이해할 만큼의 가난을 겪어보지 못한 사람도 있을 것이다. 하지만 우리가 그들보다 좀 더 운이 좋았다면, 잠시 멈추고 비참한 세상의 슬픔을 애도해야 한다. 추측컨대, 오늘날 이와 같은 상황에 처한 여인들이 지구상에 약 10억 정도 될 것이다. 나오미 같은 과부들과 룻 같은 가난한 젊은 여인들만 수백만 명이다. 그들은 빈민가에 살거나, 거리에서 구걸하거나, 성매매의 덫에 걸리거나, 이 나라에서 저 나라로 난민이 되어 이동한다.

당신의 마음에는 가난한 자, 깨어진 자를 위한 자리가 있는가? 당신의 인생에 위험에 빠진 여인과 어린이를 위한 공간이 있는가? 이민자와 난민을 돕기 위해 무엇이든 하고 있는가?

궁핍한 세계를 생각하다 보면, 우리는 남아프리카에서 온 다음의 기도를 생각하게 된다. 대주교 데스몬드 투투는 이렇게 기도했다.

하나님 내 아버지여, 저는 비통과 혼란으로 가득 차 있습니다.
오, 하나님!
왜 저리도 많은 고통이, 저렇게 불필요한 고통이 존재합니까?
시선이 닿는 곳마다 아픔이 있습니다.
고통이 있습니다…
왜 저리도 많은 살인이,
저리도 많은 죽음과 파괴가,
저리도 많은 피 흘림이,
저리도 많은 고통이,
저리도 많은 억압과 불공평과 가난과 배고픔이 존재해야 하나요?

투투의 기도는 질문으로 끝나지 않는다. 복음에 기초한 소망으로 조심스럽게 답한다.

이것이 세상입니다.
당신이 세상을 이처럼 사랑하사
당신의 독생자를,
우리 주님이시자 구주이신 예수 그리스도를
십자가에 죽게 하신 세상입니다.
사랑이 증오에 압도당할 지경입니다.
빛이 어둠에 가려지는 듯합니다.
생명이 사망에 의해 파괴될 것 같습니다.
하지만 완전히는 아닙니다.[21]

매년 휘튼대학의 '인간의 필요와 글로벌 자원'이라는 프로그램에 참여하는 학생들은 비슷한 기도를 드린다. "인간 간에, 민족 간에, 국가 간에 폭력을 일삼는 세상에서, 자신에게 폭력을 행사하는 세상에서, 깨어진 인간관계로 가정이 파괴되는 세상에서, … 증오와 전쟁이 일상적인 뉴스가 되어버린 세상에서, … 이런 세상에서 하나님, 우리가 무엇을 하기 원하십니까?"

그리고 탄원기도가 이어지는 가운데 인도하심을 구하는 다음의 기도로 명쾌한 답을 얻는다. "그저 우리는 한 손으로 온 힘을 다해 그리스도와 그분의 십자가를 붙잡으라는 부르심을 받습니다. 그리고 다른 한 손으로 온 힘을 다해 용기와 유머와 자기부인과 창의성과 재능과 눈물과 침묵과 공감과 부드러움과 유연성으로 그리스도의 본을 따라 사랑하라는 부르심을 받습니다."[3]

룻의 선택

한 손으로 그리스도를 붙잡고 다른 한 손으로 사랑하는 이들을 붙잡는 것에 대해서는 룻보다 더 좋은 예를 찾기 어려울 것이다. 룻은 나오미와 함께하겠노라고 생사를 건 헌신을 했다.

그 장면을 그리며 드라마틱한 긴장감을 느껴보라. 세 여인이 지평선에 서 있다. 광야로 들어가기 직전이다. 나오미가 베들레헴 근처에 도착하기 전에 가던 길을 멈추고 며느리들에게 말한다. "발걸음을 돌려 모압에 있는 고향으로 돌아가라." 그녀는 며느리들의 친절에 대한 보답으로, 그들을 축복하면서도 고향에 돌아가야 한다고 분명하게 말해주었다. 바라건대, 그곳에서는 다시 결혼할 남자를 찾을 수도 있지 않은가.

이때 두 젊은 여인이 울음을 터뜨렸다. 이야기는 마치 연속극처럼 마지막 장면을 향해 치닫고 있다. 룻과 오르바는 "소리를 높여" 울었다(룻 1:9). 그리고 나오미에게 말했다. "아니니이다 우리는 어머니와 함께 어머니의 백성에게로 돌아가겠나이다"(룻 1:10). 하지만 나오미는 절대 받아들이지 않는다. 그녀는 남편을 맞을 소망이 없기에, 그들의 생계나 보호를 보장해줄 수가 없다. 늙은 과부의 심장을 찌르는 쓸쓸한 사실이다. "내 딸들아 그렇지 아니하니라 여호와의 손이 나를 치셨으므로 나는 너희로 말미암아 더욱 마음이 아프도다"(룻 1:13).

나오미의 고통이 또 한바탕 눈물바다를 만들었다. 세 여인 모두가 "소리를 높여 다시" 울었다(룻 1:14). 중동 여인들의 관습대로 통곡하는 모습이다. 그들이 마지막 눈물을 닦았을 때, 오르바는 합리적인 선택을 했다. 그녀는 베들레헴으로 가는 길을 나설 만큼 나오미를 사랑했지만, 고향으로 돌아가는 것이 낫겠다고 생각하며 나오미에게 작별의 입맞춤을 했다. 누가 오르바를 비난할 수 있겠는가?

그럼에도 불구하고 룻은 엄청난 결과를 가져올 정반대의 선택을 했다. 그녀의 결정이 세상의 구원으로 이어질 것이다. 룻의 행동을 보라. 오르바는 마지막 작별인사를 한 반면, 룻은 나오미를 붙좇았다. 여기서 성경은 깨질 수 없는 결속을 암시하기 위해 강조형 동사를 사용한다. 우리는 룻이 나오미를 끌어안는 모습을 상상할 수 있다. 시어머니가 걷기 시작하자, 룻은 그녀가 홀로 떠나지 못하게 어머니의 옷자락을 쥐었다. 결코 보내드리지 않았다.

처음에 나오미는 룻을 밀어냈다. "보라 네 동서는 그의 백성과 그의 신들에게로 돌아가나니 너도 너의 동서를 따라 돌아가라"(룻 1:15). 이 말은 영적으로 위기에 처했음을 분명히 한다.

룻과 오르바가 직면한 선택은 단순히 지리적 장소, 민족적 정체성, 이 공동체나 저 공동체에서 인생의 동반자를 찾는 상대적 승산에 관한 것이 아니었다. 고난의 한복판에서 살아계신 참하나님을 따를지 말지를 선택하는 것이었다.

룻은 이미 선택했다. 그녀가 너무도 단호했기 때문에 나오미는 며느리의 말을 듣고 더 이상 논쟁의 여지가 없음을 깨달았다. 룻이 말했다. "내게 어머니를 떠나며 어머니를 따르지 말고 돌아가라 강권하지 마옵소서 어머니께서 가시는 곳에 나도 가고 어머니께서 머무시는 곳에서 나도 머물겠나이다 어머니의 백성이 나의 백성이 되고 어머니의 하나님이 나의 하나님이 되시리니 어머니께서 죽으시는 곳에서 나도 죽어 거기 묻힐 것이라 만일 내가 죽는 일 외에 어머니를 떠나면 여호와께서 내게 벌을 내리시고 더 내리시기를 원하나이다"(룻 1:16-17).

말 그대로, 이것은 그 누구의 것보다 뛰어난 최고의 연설이다. 믿음의 여인에게서 나온 신앙고백이다. 룻은 가장 분명하고도 강력한 용어로 하나님과 그분의 백성에 속하는 것의 의미를 세상에 말해준다. 환난이 찾아왔을 때, 이 여인은 포기하지 않았다. 오히려 두 배로 힘을 냈다. 그녀는 이스라엘의 하나님께 생사를 건 헌신을 했다.

이것은 대부분의 사람들이 큰 고난 중에 내리는 선택이 아니다. 사람들은 대개 하나님과 동행하기보다는 자신의 고난에 대해 하나님을 비난한다. 나오미가 했던 것처럼 말이다.

1602년에 태어나 자기의 영적인 경험을 이야기했던 로스 써굿의 간증을 살펴보라. 그녀의 가족을 친 끔찍한 질병에 대한 그녀의 영적 반응은 다음과 같았다.

> 그렇게 우리는 한 달간 몹시 아파 누워 있었다. 아이들은 열이 올라 종종 발작을 했고, 그 어떤 것으로도 아이들의 갈증을 풀 수 없었다. 아이들은 심지어 의식을 잃기도 했다. … 나는 지금 이런 극도의 가난과 궁핍 가운

데 있는 나 자신과, 모든 가족이 다시 병에 걸린 것과, 나의 냉담한 마음을 주님이 내버려두시는 것을 본다. 결국 나는 하나님께 분노하며 교만하게 굴기 시작했다. 하나님이 뭐 이따위냐고, 내 자녀들을 어떻게 하실 건지 생각이나 하시냐고, 이 아이들은 죽을 게 분명하다고 혼잣말을 하면서 말이다. 그렇게 나는 하나님과 싸우기 시작했다.[4]

롯에게는 하나님과 동행하려는 의욕을 꺾을 만한 장애물이 많았다. 언제나 그렇다! 인생의 중대한 선택(영적인 운명을 결정짓는 선택)에는 언제나 다른 것을 선택해야 할 온갖 이유가 있다. 롯이 베들레헴으로 가는 것은 위험한 길을 가기로 선택하는 것이었다. 힘든 사람과 함께, 낯선 목적지를 향해서 말이다.

하지만 롯은 하나님을 포기하지 않고 올바른 선택을 했다. 최선의 선택이었고, 그녀를 위한 유일한 선택이었다. 롯은 살아계신 하나님께 '올인'하기 원했다. 하지만 이것은 도박이 아니었다. 믿음에 의한 확신이었다. 때문에 롯은 자기의 증인 되신 하나님과 함께 죽기까지 하나님을 따르겠다는 엄숙한 맹세를 하였다.

롯이 나를 매우 감동시키는 것은 그녀가 젊을 때(아마도 20대였을 때) 그런 선택을 했다는 점이다. 물론 어느 나이에나 우리가 내린 결정들은 영원히 기록된다. 우리가 누구이든, 무슨 일이 일어나든(우리에게 이롭게 진행되는 일이든, 지독히 해롭게 진행되는 일이든), 우리에겐 앞으로 남은 생이 있다.

따라서 우리가 현명하다면, 하나님이 가라고 요구하시는 곳 어디든지 그분과 동행할 것이다. 어떤 신자들은 비즈니스계에서 섬긴다. 그곳은 하나님의 형상대로 만들어진 사람들을 위해 가치를 창조하는 곳이다. 어떤 신자들은 교육계에서 하나님이 창조하신 세상을 가르친다. 예술가들은 창조의 시각과 청각으로 진리와 미를 보여준다. 그밖에 과학, 의학, 법률, 공공정책 분야에도 하나님의 부르심이 있다.

많은 이들이 무엇을 할지, 어디로 갈지 생각한다. 이 모든 경우에 당장 해야 할 가장 중요한 일은 하나님께서 우리가 가기 원하시는 곳 어디든지 기꺼이(아무 망설임 없이) 가겠다고 말씀드리는 것이다. 만약 우리가 하나님과 동행한다면, 하나님은 우리에게 하나님 나라를 이롭게 할 기회를 주실 것이다. 또한 우리가 현명하다면, 하나님이 우리에게 머물라고 요구하시는 곳 어디든 하나님과 머물 것이다.

사실 이것이 얼마나 어려운 일인지 모른다. 때로는 하나님과 머무는 것이 하나님과 동행하는 것보다 훨씬 더 어렵다. 우리 내면의 모든 것이 다른 곳에서 다른 사람과 다른 일을 하라고 아우성이다. 하지만 그것이 우리를 위한 하나님의 길이 아니라면, 아무리 쉬운 길이라도 옳은 길이 아니다. 하나님과 함께, 하나님의 백성과 함께 머물라. 우리가 이 세상 어디로 가든, 우리는 룻이 나오미를 붙좇았던 방식대로 교회를 붙좇아야 한다. 세상에서 하나님과 머무는 유일한 방법은 그분의 백성과 가까이 머무는 것이다.

그러므로 하나님과 동행하고, 하나님과 머물라. 하나님과 살고, 하나님과 죽으라. 그렇게 하나님과 영원히 살라. 이것이 룻의 선택이었고, 그 선택이 그녀의 운명이 되었다. 또한 이것은 우리의 운명이 될 것이다. 우리가 만약 룻이 했던 대로 하나님을 선택한다면 말이다.

환난 중의 도움

그렇다면 룻의 선택이 가져온 결과는 무엇이었을까? 어떤 사람들은 중요한 건 최종 도착지가 아니라 과정이라고 말한다. 하지만 영혼의 생명에 대한 과정을 가치 있게 만드는 것은 최종 도착지다. 그러므로 우리는 나머지 이야기를 알아야 한다. 룻과 그녀의 시어머니 나오미에게 무슨 일이 일어났을까?

무엇보다 그들의 관계는 서로에게 복이 되는 관계였다. 나오미는 룻에게 격려와 친밀함을 공급받았다. 룻도 마찬가지였다. 즉 그들은 프랜시스 베이컨이 다음과 같이 말한 인간 우정의 '두 가지 상반된 영향'을 누렸다. "우정은 기쁨을 두 배로 늘리고 슬픔을 반으로 줄인다."[5]

또한 룻과 나오미는 리보의 아일레드가 『영적인 우정에 관하여』(On Spiritual Friendship)[6]라는 그의 고전에서 기술한 관계를 유지했다. 아일레드는 12세기 잉글랜드 요크셔에 있는 수도사 공동체의 지도자였다. 그는 미혼의 그리스도인들이 사랑으로 삶을 변화시키는 공동체를 경험하도록 돕고자 했다. 그래서 즐거움을 추구하는 '육체적 우정'과 상호 이익에 근거한 '세속적 우정'을 제자도에 기초한 '영적 우정'과 대비시켰다. 쉽게 말해 육체적 친구는 "파티하자!" 말한다. 세속적 친구는 "네가 내 등에 상처를 내면, 나도 네 등에 상처를 낼 거야."라고 말한다. 하지만 참된 영적 친구는 "서로 도와 예수님을 따르자"고 말한다(이것이 가장 진정한 기쁨을 주고 가장 거짓 없는 이익을 낳는다).

아일레드의 카테고리는 우리 자신의 인간관계의 질을 테스트해 볼 좋은 방법을 제공한다. 내가 지금의 관계를 유지하는 이유는 나를 기분 좋게 하기 때문인가, 이익을 얻기 때문인가, 아니면 이 우정이 나로 하여금 경건하게 성장하도록 도와주기 때문인가?

룻은 나오미에게 참된 영적 친구였다. 세상에서는 혼자였지만 이 여인들은 서로를 가졌고 함께 길을 걸었다. 그 길에서 그들은 하나님의 임재를 발견할 것이고, 그분의 섭리 아래 번영하게 될 것이다. 룻이 하나님과 나오미와 하나님의 백성과 동행하기로 선택한 순간부터 그녀는 계속해서 축복을 경험했다. 이것이 하나님과 동행하는 사람들이 환난에 빠졌을 때 그들에게 일어나는 일이다. 즉 그들은 그들에게 필요한 도움을 얻는다.

룻과 나오미는 보리 추수가 막 시작될 무렵 베들레헴에 도착했다. 하나님의 섭리의 표지였다. 다음 날 룻은 가까운 밭의 변두리로 이삭을 주우러 나갔다. 이것은 당시 가난한 사람들이 생존하던 방법이다. 이를테면 성경적 형태의 '근로 복지'였다.

하나님의 섭리로 룻은 우연히 보아스의 밭에 이르렀다. 그는 자기 밭에 들어온 여인들을 모든 종류의 학대로부터 보호했던 경건한 사람이었다(룻 2:8-9 참고). 그날 밤 룻은 보리를 한가득 가지고 집에 돌아왔고, 나오미는 이 사실에 흥분했다. 단지 먹을 것이 충분했기 때문이 아니다. 보아스가 룻과 결혼하여 상속자를 낳고 온 가족을 가난에서 구원하는 신성한 의무를 이행해야 할 가까운 친족임을 깨달았기 때문이었다. 성경의 표현으로 다시 말하면, 보아스는 그들의 기업을 무를 자로서 책임이 있었다.

나오미는 재빠르게 행동했다. 룻에게 가장 좋은 옷을 입고, 좋은 향수를 바르고, 청혼을 위해 보아스에게 접근하라고 말했다. 그날 밤 룻은 기회를 잡았고 베들레헴 최고의 미혼남에게 담대히 권리를 주장했다. 이 로맨스가 그녀의 구원이 되었다. 다음 날 보아스는 성읍 장로들로부터 승낙을 받았다. 결국 행복한 이 커플은 결혼했고, 9개월 후 나오미는 손자를 품에 품었다. 그렇게 세 번의 장례식으로 시작한 이야기는 결혼식과 베이비샤워로 끝맺는다.

뿐만 아니라 나오미의 손자는 평범한 여느 아기와 달랐다. 그의 이름은 오벳이었고, 이새의 아버지이자 다윗의 할아버지였다. 다윗은 세상 유일의 영원한 왕조, 곧 다윗의 자손 예수 그리스도의 나라를 시작했다. 이와 같이 룻의 선택은 우리의 구원 이야기에서 필수적인 부분이다.

때문에 레이 박케는 룻의 이야기를 다음과 같이 정리했다. "모압 사람이자 소돔의 후손인 룻은 이스라엘의 가장 위대한 왕이자 인류 역사적으로 예수님의 조상인 다윗의 증조모가 됨으로써 이스라엘의 초기 역사에 편성된다."[7] 즉 룻이 없다면 오벳도 없다. 오벳이 없다면 이새도 없다. 이새가 없다면 다윗도 없다. 다윗이 없다면, 다윗의 성에서 우리에게 나신 구주도 없다. 그 결과, 구원도 없다.

당신의 이름이 생명책에 쓰였다

룻의 선택으로 구원을 이루신 하나님을 찬양하라! 고난이 찾아왔을 때 룻은 하나님을 포기하거나 등을 돌리지 않았고, 오히려 그분에 대한 헌신을 두 배로 늘리고 그분을 좇는 데 삶을 바쳤다. 그렇게 할 때 그녀는 자신에게 필요한 도움을 발견했다. 바로 슬픔에 대한 위로, 굶주림을 채울 양식, 하나님의 날개 아래의 피난처(룻 2:12 참고), 하나님의 백성으로부터의 사랑, 덤으로 주어진 엄청난 로맨스 등이다.

정말로 좋은 이야기들이 진행되는 방식은 이렇다. 대체로 죽음과 절망에서 시작하여 '영원토록 행복하게'로 끝난다. 그러므로 쉬운 탈출구를 택하지 말라. 오히려 힘든 선택을 하라. 상황이 절망적이고 하나님조차 당신의 적이 되시는 것처럼 보일 때에도 포기하지 말고 하나님의 선하신 계획을 신뢰하라. 선지자의 말이 참이라는 사실을 믿으라. 룻이 믿었던 것처럼 말이다. "여호와는 선하시며 환난 날에 산성이시라 그는 자기에게 피하는 자들을 아시느니라"(나 1:7).

앞에서 17세기의 크리스천 여성인 로즈 써굿의 이야기를 나눴다. 가족이 아플 때 그녀는 삶 자체에 절망했다. 하지만 고난의 때에 하나님은 그녀에게 하나님께서 그녀와 함께하심을 상기시켜 주셨다. 써굿은 자서전에 이렇게 썼다. "나는 내 마음을 비추는 달콤한 빛줄기를 느꼈다. 갑자기 이 말씀이 마음에 닿았다. '당신의 이름이 생명책에 쓰였다.'"[8]

룻의 이름도 같은 곳에 쓰였다. 당신의 이름도 마찬가지다. 하나님께서 당신을 위해 예수 그리스도를 통해 베푸신 은혜 덕분이다. 최고의 이야기들은 고난으로 가득하다. 고난은 책의 앞부분에서 시작되어 회복되기 전에 가장 악화된다. 하지만 끝이 좋으면 모두 좋은 거다. 그러므로 고난이 찾아올 때, 영생으로 가는 길에서 예수님과 늘 동행하며 그분과 함께하라.

나눔을 위한 질문

> 우리가 처한 암울한 상황이나 고된 인생 여정이 우리의 시야를 가릴 때가 있다. 하지만 우리의 관점은 왜곡되고 편협된다. 룻의 이야기는 그런 우리의 시야를 초월하여 하나님께서 창고에 더 좋은 것을 비축해두셨을 가능성까지 보라고 독려한다. 설령 우리가 (룻이 그랬던 것처럼) 하나님께서 이 땅에서 하시는 선한 일들을 보지 못한다 해도, 결국에는 하나님께서 그분의 영광을 위해 만유를 구속하실 것을 신뢰할 수 있다. 따라서 우리가 할 일은 다만 그 진리를 붙들고 하나님의 성품과 약속에 우리의 소망을 두는 것이다.

1. 저자는 다음의 기도를 인용합니다. "우리는 한 손으로 온 힘을 다해 그리스도와 그분의 십자가를 붙잡으라는 부르심을 받습니다. 그리고 다른 한 손으로 온 힘을 다해 용기와 유머와 자기부인과 창의성과 재능과 눈물과 침묵과 공감과 부드러움과 유연성으로 그리스도의 본을 따라 사랑하라는 부르심을 받습니다." 그리스도인은 고난의 시기에 다른 사람들을 돕도록 부르심을 받은 자들입니다. 그러므로 이 기도를 사명선언문이라고 생각해보십시오. 비통에 빠진 누군가를 돕는 데 있어서 이 기도에 빠져 있거나 추가되어야 할 것이 있습니까? 이와 같이 기도하고 사랑하는 것이 세상의 고통과 폭력에 어떤 답을 제시합니까?

2. 룻기 1장 1-4절을 읽고 내용을 상상해보십시오. 룻은 어떤 고난에 직면했습니까? 주변에 이와 유사한 어려움을 겪는 사람이 있습니까? 가난하거나, 사회적 약자이거나, 비통에 빠진 자를 위해 당신이 할 수 있는 일은 무엇입니까?

3. 룻기 1장 15-22절에서, 룻이 나오미와 함께 머물기로 선택한 것의 실제적인 결과(장기적 결과와 단기적 결과)는 무엇입니까? 16-17절에 나타난 룻의 고백은 그녀의 성품과 우선순위에 관해 무엇을 드러냅니까?

4. 하나님께서 당신을 부르시는 곳이라면 어디든지 가겠다고 결정했을 때, 인생의 특별한 사건이나 상황이 있었습니까? 만일 그런 결정을 해본 적 없다면, 당신을 머뭇거리게 만드는 것은 무엇입니까?

5. 우리 역시 인생에서 크고 작은 결정에 직면하고, 그중에는 장기적인 결과를 낳는 것도 있습니다. 어디에 머물든지, 혹은 어디로 떠나든지, 룻이 내린 선택과 비슷한 종류의 선택에 직면해본 적이 있습니까? 그때 당신은 무엇을 결정했습니까? 그것의 장기적인 결과와 단기적 결과는 무엇이었습니까?

6. 저자는 리보의 아일레드의 우정에 관한 세 가지 카테고리를 설명합니다. 즉 육체적 우정("파티하자!")과 세속적 우정(상호 이익), 그리고 영적 우정("서로 도와 예수님을 따르자")입니다. 각 카테고리에 속하는 우정을 생각해봅시다. 각각의 친구가 당신의 삶에 어떤 영향(긍정적이든 부정적이든)을 미쳤습니까?

7. 룻과 나오미가 나누었던 것 같은 영적 친구 관계가 얼마든지 가능하다고 생각합니까? 아니면 그런 우정은 드물다고 생각합니까? 그렇게 생각하는 이유를 설명해봅시다. 당신에게 진정한 영적 우정이 없다면, 나를 예수님께로 더 가까이 인도하는 친구를 찾아내는(그리고 그런 친구가 되는) 방법을 궁리해봅시다.

8. 기억을 새롭게 하거나 룻과 나오미에게 무슨 일이 일어났는지 알 수 있도록 룻기 2-4장을 읽어봅시다. 두 여인이 그들 관계의 결과로 어떤 유익을 받았습니까? 그들의 우정은 다른 사람들에게 어떻게 복이 되었습니까?

9. 당신의 친구관계를 생각할 때, 누군가에게 보다 나은 친구가 되기 위해 하나님께서 당신을 부르시는 카테고리는 어느 것입니까? 영적 카테고리로 이동하고 싶은 친구관계가 있습니까? 그 목표로 향하는 다음 단계는 무엇입니까?

태만, 정욕, 거짓말에 무릎 꿇었던 다윗

"당신이 그 사람이라!"
(삼하 11:1-5, 12:1-15)

봄이 왔다. 왕들이 출전(出戰)하는 계절이었다. 그런데 다윗에게 고난이 찾아왔다. 진짜 고난이었다.

어느 늦은 오후, 다윗은 예루살렘 왕궁 옥상을 거닐다가 우연히 어느 아름다운 여인의 형체에 시선이 머물렀다. 그 순간에는 수치스런 죄를 지으려는 의도가 없었다. 하지만 자기 집안을 비통함에 빠뜨리게 될 욕정적인 유혹에 굴복하게 되는 찰나였다.

누구에게나 일어날 수 있다

다윗이 권력의 중심으로 부상하는 것을 지켜본 사람이라면 그가 살인이나 간통을 범하게 되리라고는 결코 예상하지 못할 것이다.

다윗은 그야말로 어머니들이 딸을 시집보내고 싶어 하고 아버지들이 아들로 삼고 싶어 하는 부류의 남자였다. 그는 하나님의 부르심을 받았다. 다윗이 소년이었을 때, 선지자 사무엘이 신성한 임명을 위해 그의 집을 찾아왔다. 형들의 외모가 더 인상적이었지만, 마음의 중심을 보시는 하나님의 거룩한 계획에 따라 막내아들이 선택되었다. 그래서 사무엘은 다윗에게 기름을 부어 이스라엘의 왕이 되게 하였다.

그는 믿음으로 강성해져 갔다. 골리앗이 이스라엘의 군대를 향해 살아계신 하나님의 이름을 모욕했을 때, 다윗은 전장에서 그와 맞섰다. 오로지 물매 하나와 고른 돌 몇 개로 무장한 채, 필사의 조준을 하고 힘센 거인을 죽였다. 그의 승리는 우월한 힘이나 기술이 아닌, 하나님의 권능에 대한 절대적 신뢰에서 비롯된 것이었다. 전장에 나가기 전 다윗은 이렇게 말했다. "여호와께서 나를 사자의 발톱과 곰의 발톱에서 건져내셨은즉 나를 이 블레셋 사람의 손에서도 건져내시리이다"(삼상 17:37).

다윗은 오래 참으며 기다렸다. 기름부음을 받고 왕위에 오르기까지의 긴 세월동안(사울이 왕좌에 있을 때) 그는 자기를 위하여 나라를 요구하지 않고 다만 하나님께서 주시기를 기다렸다. 사울이 자기를 죽이려 했을 때도 다윗은 보복하지 않았다. 때가 되면 하나님께서 자기를 왕좌에 앉히실 거라고 신뢰했다.

다윗은 충분히 사랑받을 만한 사람이었다. 그의 이름도 '사랑받는 자'를 뜻한다. 사울 왕이 그를 사랑했다. 적어도 처음에는…. 사울의 아들 요나단도 그를 사랑했다. 그것이 아버지의 왕조를 포기하는 대가를 지불할 것을 알면서도…. 요나단의 누이 미갈도 다윗을 사랑했다. 사실상 그녀는 성경에서 가장 많은 단어가 동원되며 한 남자를 사랑한 최초이자 유일한 여인이다(삼상 18:20). 용사들도 다윗을 사랑했다. 너무 사랑한 나머지 그를 위해 목숨을 걸었다. 이스라엘 백성도 다윗을 사랑했다. 그래서 그를 칭송했다. 그리고 무엇보다도, 여호와께서 다윗을 사랑하셨다. 성경은 그를 "그(하나님)의 마음에 맞는 사람"(삼상 13:14)이라 일컫는다.

뿐만 아니라 다윗은 열정적으로 찬양하는 사람이었다. 그는 시인이었고, 이스라엘의 사랑스런 가수였다. 그의 서정적인 발라드는 백성이 성전에서 하나님을 예배할 때 부르는 노래가 되었다. 다음은 다윗이 쓴 시들이다. "여호와는 나의 목자시니"(시 23:1), "내가 여호와를 항상 송축함이여 내 입술로 항상 주를 찬양하리이다"(시 34:1), "내가 전심으로 여호와께 감사하오며 주의 모든 기이한 일들을 전하리이다"(시 9:1), "내가 여호와께 그의 의를 따라 감사함이여 지존하신 여호와의 이름을 찬양하리로다"(시 7:17).

다윗과 같은 사람은 분명 어떤 위험이 와도 안전할 것이다! 하나님께 그보다 더 많은 찬양을 올려드린 사람이 있던가! 하나님의 구원하시는 능력을 그보다 더 강력히 신뢰하며 표현한 사람이 있던가! 그가 하나님과 계속 동행했다면, 아마도 훨씬 더 많은 복을 누렸을 것이다. 영원한 나라의 왕이 되었을 것이다.

하지만 그는 환난에 빠졌다. 사람은 하나님께 부르심을 받고, 하나님께 사랑받을 수 있지만, 그럼에도 갑작스런 공격을 받을 수 있다. 하나님을 신뢰하고, 하나님을 기다리고, 하나님 편에서 싸우고, 하나님을 찬양할 수 있지만, 그럼에도 치명적인 유혹에 굴복할 수 있다. 다윗처럼 천하무적인 사람에게도 그런 일이 일어났다면, 누구에게나 일어날 수 있을 것이다.

오늘날의 그리스도인들은 적어도 다윗만큼의 복을 누린다. 우리는 성부 하나님께 사랑받고, 성령님의 사역으로 믿음을 선물 받고, 예수 그리스도의 부름을 받아 그 나라를 섬긴다. 뿐만 아니라 우리는 하나님의 백성들과 함께 예배하기 위해 자주 모인다. 때문에 전적으로 안전하다고 생각하기 쉽다.

하지만 우리는 안전하지 않다. 지속적인 위험 가운데 있다. 성경은 말한다. "그런즉 선 줄로 생각하는 자는 넘어질까 조심하라"(고전 10:12). 우리의 원수는 끊임없이 우리를 파멸시킬 기회를 찾는다. 따라서 우리가 전적으로 안전하다고 생각할 때가 오히려 가장 위험한 때일 수 있다.

당신은 오늘 어떤 유혹을 만나게 될까? 모든 사람이 유혹을 받는다. 토머스 아 켐피스의 말처럼 "이 땅에 사는 동안 유혹으로부터 완전히 자유로운 사람은 없다. 우리 자신 안에 그 뿌리가 있기 때문이다."[1] 그렇다면 스스로 질문해보자. 우리는 유혹에 직면할 준비가 되어 있는가, 아니면 늦은 오후에 왕궁 옥상을 거닐었던 다윗만큼이나 환난에 빠져 있는가?

직무 유기

다윗이 잘못한 게 무엇인지, 그 후에 무슨 일이 일어났는지 살펴보기에 앞서 다윗이 **하지 않은 일**이 무엇인지에 먼저 주목해야 한다. 때때로 특정한 죄와 씨름할 때는 무언가를 하지 않는 것에 초점을 맞추는 것이 필요하다. 예를 들어 과식을 하지 않는다든지, 사랑하기 어려운 사람을 비판하지 않는다든지, 음란한 쾌락을 탐닉하지 않는다든지 말이다. 물론 여기에는 하나님이 기뻐하시지 않는 일들을 하지 않는 것도 포함된다. 경우에 따라 성경은 "너는 …해서는 안 된다"고 말한다.

더욱이 다윗을 환난에 빠뜨린 것은 그가 한 일이 아니라 **하지 않은 일**이었다. "그해가 돌아와 왕들이 출전할 때가 되매 다윗이 요압과 그에게 있는 그의 부하들과 온 이스라엘 군대를 보내니"(삼하 11:1). 성경은 결코 쓸데없이 상세하게 기술하지 않는다. 따라서 이 특별한 설명은 일종의 고발이다. 왕들은 출전하도록 되어 있었다. 즉 왕궁에서 물러나 있는 다윗은 왕으로서의 의무를 다하지 못했다. 다른 사람들을 위해 자기 목숨을 희생하거나 그들을 섬기는 일을 멈추었다. 이 이야기가 시작될 때 다윗이 침상에 기대어 있었다는 사실이 그것을 잘 말해준다. 조금의 의심이라도 남아 있을 때에는 성경이 재차 강조한다. "다윗은 예루살렘에 그대로 있더라"(삼하 11:1). 이것은 강조를 위한 반복이다. 왕은 전장에서 군대를 지휘하고 있어야 했지만, 그는 자기의 부하와 군대만 험난한 길로 내보냈다.

분명, 다윗의 성공이 그를 게으르게 만들었다. 그에게는 특권의식이 있었다. 호화로운 생활을 즐기기 원했고, 그래서 국토방위라는 고된 업무를 수행할 마음이 들지 않았다. 이러한 자기탐닉이 다윗을 더 큰 범죄로 이끌었다는 사실이 정말 놀랍지 않은가?

우리는 자기 인생을 점검할 기회를 놓치지 않도록 주의해야 한다. 꼭 해야 할 일 중 내가 하지 않고 있는 것은 무엇인가? 그것이 어떻게 할 계획도 없고 할 마음도 없던 일을 저지르게 만들까?

사람들이 하지 않는 일 중 어떤 것은 너무 익숙해서 쉽게 간과된다. 하지만 우리가 그 일을 하지 않는다면, 이미 우리 스스로 인식하는 것보다 더 큰 환난에 빠져 있는 거다.

우리가 하고 있는 일(그리고 하지 않고 있는 일)에 대한 몇 가지 질문을 생각해보자.

나는 오늘 하나님과 대화했는가? 기도는 내가 꼭 해야 하는 것만큼 하지 않고 있는 일 아닌가?

예수님은 제자들에게 시험에 들지 않게 깨어 기도하라고 말씀하셨다(마 26:41). 우리가 깨어 기도하지 않는다면, 어떻게 다윗이 빠졌던 종류의 환난과 우리가 무관하리라 기대할 수 있겠는가?

옛 청교도의 현명한 기도가 있다. "만약 제가 무슨 죄든 굴복시키려 한다면, 그 죄를 극복하려고 애쓸 뿐 아니라 그 자리에 그리스도가 거하시도록 그분을 초청해야 한다는 것, 그리고 지독한 정욕이 차지했던 자리보다 더 많은 자리를 그리스도께서 차지하셔야 한다는 것을 저에게 가르쳐주시고 믿게 하옵소서. 그래서 그리스도의 평강과 능력과 생명이 거기 있게 하옵소서."[2]

덧붙여 질문한다. **나는 하나님의 말씀을 먹고 있는가?** 내가 '먹다'라는 단어를 쓴 것은 단순히 성경을 읽는 것 이상을 해야 하기 때문이다. 우리가 하나님의 약속을 기억하고 그분이 우리에게 이 세상에서 무엇을 하라고 요구하시는지 알려면, 우리는 성경으로부터 매일의 영양분을 퍼올려야 한다.

다음의 질문도 깊이 생각해보라. **나는 적극적으로 하나님을 예배하는가? 특히 교회생활에서?** 성령께서는 우리가 예배에 참석하기 원하신다. 단지 공간을 차지하는 게 아니라 우리 구주의 영광과 위엄에 내 마음과 뜻과 힘을 드리는 것이다.

또한 우리에겐 할 일이 있다. 하나님은 우리 각자에게 인생의 주된 소명을 주셨다. **그분께 나는 최선을 드리고 있는가? 그것을 방해하는 것은 없는가? 소셜미디어, 혹은 지나치게 시간을 빼앗기는 취미는 없는가?** 만약 사소한 일이 필수적인 일을 방해하도록 내버려둔다면, 우리는 다윗 왕처럼 되고 말 것이다. 꼭 해야 할 때와 장소에서 해야 할 일을 하지 않고 있기 때문에 환난에 빠지게 될 것이다.

정욕이 작동하는 방식

성적인 죄는 단순히 성(性)에 관한 문제로 끝나지 않음을 이해해야 한다. 그것은 언제나 삶의 나머지 부분과 연관된다. 만약 다윗이 자신이 아니라 타인을 위해 살고 있었다면, 자기탐닉적이 아니라 희생적으로 살고 있었다면, 아마도 그는 사랑의 능력으로 욕망을 절제할 수 있었을 것이다. 하지만 다윗은 그렇게 살고 있지 않았다.

그때 그는 아름다운 여인을 훔쳐보았다. 만약 그게 전부였다면 결코 유죄가 아니었을 것이다. 하지만 다윗은 훔쳐보는 것 이상을 했다. 그의 곁눈질은 응시가 되었고, 그녀를 위아래로 살펴보았다. 그녀와 성적으로 무언가를 하고 싶다고 생각했다.

이 순간부터 이야기는 마치 화면이 슬로모션으로 반복재생되듯 펼쳐진다. 우리는 이미 그것을 보았기에 또 다시 보고 싶지 않지만, 어쨌건 다른 결말을 소망하면서 지켜봐야 한다. 하지만 당연하게도 매번 같은 결말이다. 그 순간 다윗이 시선을 다른 곳으로 돌렸다면!

유혹을 해부해보면, 눈이 마음의 창이라는 것을 알 수 있다. 그러므로 성적인 죄에서 승리를 얻는 방법 중 하나는 정욕에 찬 시선을 다른 데로 돌리는 것이다. 경건한 남자와 여자는 우리의 옷차림, 언어습관, 시선이 머무는 대상의 정숙함에서 그런 승리가 뒤따른다는 사실을 숙지해왔다. 베드로 사도는 "음심이 가득한 눈"(벧후 2:14)에 대해 지혜롭게 경고했다. 욥이 정욕에서 자유로운 삶을 살 수 있었던 비결은 적극적인 약속이었다. "내가 내 눈과 약속하였나니 어찌 처녀에게 주목하랴"(욥 31:1).

보는 것에 주의하는 일이 오늘날만큼 중요했던 적이 없다. 오늘날은 우리가 바라보는 모든 곳에 성적인 이미지가 있다. 특히 북아메리카 사람들은 포르노가 일반화된 '포르노토피아'에 살고 있다. 포르노는 우리를 온갖 위험에 빠뜨린다. 여성과 남성을 폄하하고, 관계를 손상시키며, 영적인 지도력을 파괴한다. 청교도 토머스 왓슨의 말처럼, 성행위 그림은 "마음에 전달되는 은밀한 독이다."[3]

또한 빌 스트러더스는 자신의 저서 『친밀감을 위해 연결되다』(Wired for Intimacy)에서 포르노가 드라마틱한 방법으로 뇌에 영향을 미친다는 것을 입증했다.[4] 포르노에 굴복한 사람은 영적으로 황폐해진다. 존 프리만이 표현한 것처럼 성적인 유혹에 대한 굴복은 '포르노화된 마음'을 낳는다. 그것은 하나님과 타인에게 전혀 쓸모없는 마음이다.

프리만은 특히 남자들에게 다음과 같이 경고한다. "성적인 죄는 우리의 마음을 죽게 만들뿐 아니라 우리가 남자로서, 남편으로서, 아버지로서 누구이고 어떠해야 하는지를 지키지 못하게 만든다. 수년간 성적인 유혹과 반복적인 죄에 방치된 마음은 우리 인생에 들어온 모든 이들에게서 중요한 것을 빼앗을 것이다!"[5]

정욕이 얼마나 치명적인지 보려면 다윗에게 무슨 일이 일어났는지 보면 된다. 다윗이 그 여인을 오래 쳐다볼수록, 더욱 그녀를 원하게 되었다. 죄가 주도권을 쥐고 있었고, 이미 판타지에 빠진 다윗은 그것으로부터 벗어날 수 없음을 느꼈다. 보디발의 아름다운 아내가 함께 동침하자고 붙잡았을 때의 요셉처럼 유혹에서 도망치는(창 39:12) 대신, 다윗은 성경이 하지 말라는 것을 하기 시작했다. 바로 "정욕을 위하여 육신의 일을 도모하지 말라"(롬 13:14)는 것이었다.

사실 다윗은 전혀 그럴 필요가 없었다. 성경은 우리에게 다음과 같이 놀라운 약속을 준다. "사람이 감당할 시험밖에는 너희가 당한 것이 없나니 오직 하나님은 미쁘사 너희가 감당하지 못할 시험당함을 허락하지 아니하시고 시험당할 즈음에 또한 피할 길을 내사 너희로 능히 감당하게 하시느니라"(고전 10:13).

이 약속을 의심한다면 아마도 이 말씀을 정말로 시험해본 적이 없었기 때문일 것이다. 우리는 대체로 너무 빨리 유혹에 굴복한다. 그래서 하나님께서 우리를 위해 준비하신 탈출구를 발견하지 못한다. 그러나 언제나 피할 길이 있다. 하나님께는 우리가 당당하게 요구할 수 있는 약속이 있다. 필요할 때 부를 친구가 있다. 기도할 때마다 도우시는 살아계신 성령님이 계시다.

앞으로는 당신을 타락의 자리로 끌고 가는 죄로부터 시험당할 때 이렇게 큰 소리로 기도하라. "주 예수님, 당신 뜻에 반하는 이 죄에 시험을 당하고 있습니다! 피할 길을 보여주소서!"

이와 같이 기도할 때 우리의 기도는 응답될 것이다. 프리만은 이렇게 기록한다. 실제적인 영적 변화는 "우리가 그만두는 것으로 측정되지 않는다. 그것은 언제나 성품의 변화로 측정된다." 특히 성적인 성화는 매우 드라마틱할 것이다. "예전에는 자신에게 몰두함으로써 타인을 강탈했다면, 이제는 자신보다 타인에게 더 많은 관심을 갖기 시작한다. 타인을 축복하기 원하고, 단지 자기의 유익뿐 아니라 타인의 유익을 갈망하는 자신을 보게 된다. 더 이상 당신이 하는 일을 숨기지 않고, 오히려 자신의 씨름과 잘못에 대해 점점 더 타인에게 공개하게 된다."[6]

슬프게도 다윗 왕은 하나님의 피할 길을 찾고 더욱 솔직하게 살아가는 대신, 어렴풋이 죄를 떠올리기 시작했다. 그게 바로 정욕이다. 한 남자, 혹은 한 여자를 보고 성행위의 가능성을 상상하는 것이다. 이 경우에는 "한 여인이… 심히 아름다워 보이는지라 다윗이 사람을 보내 그 여인을 알아보게 하였더니 그가 아뢰되 그는 엘리암의 딸이요 헷 사람 우리아의 아내 밧세바가 아니니이까 하니"(삼하 11:2-3).

분명히 말하지만, 사건은 여기서 끝나야 했다. 데이비드 울프는 "이중의 신원 확인은 그녀가 결코 다윗에게 속할 수 없음을 강조한다. 그녀는 남편도 있고 아버지도 있는 여인이다. 타인의 사랑과 보호 아래 있다. 손 떼라."[7]

하나님의 사람으로서는 밧세바를 더 깊이 생각하는 것이 불가능했지만, 다윗은 그녀를 갖고 싶었다. 이것이 바로 정욕이 작동하는 방식이다. 정욕은 그 자체에 생명이 있어서 더 이상 저항할 힘이 없다고 느낄 때까지 우리를 깊고 깊은 곳으로 잡아끈다.

게다가 다윗은 왕이었기 때문에 대부분의 남자들이 그저 꿈으로만 생각하는 것을 실제로 이룰 수 있었다. 즉 여인을 원한다면 취할 수 있었기에, 그는 밧세바를 데려왔다. "다윗이… 그 여자를 자기에게로 데려오게 하고… 더불어 동침하매"(삼하 11:4).

그것은 작은 일처럼 보였다. 순간의 잘못일 뿐 그 이상은 아닐 줄 알았다. 하지만 밧세바는 자신이 임신한 것을 발견했고, 그때부터 은폐공작이 시작되었다. 하나가 다른 하나를 낳았다. 고결한 우리아를 예루살렘으로 소환하고, 술 취하게 만들고, 사형선고와 다름없는 명령과 함께 군대로 되돌려 보냄으로써 다윗의 모든 공작이 끝나기까지, 그것은 섹스 스캔들 이상이었다. 결국 밧세바의 남편은 죽었고 다윗은 중죄인이 되었다. 그는 간음, 사기, 절도, 살인죄를 지었다. 이후의 은폐공작이 처음의 범죄보다 훨씬 더 악했다.

얼마 동안 다윗은 아무 처벌 없이 자신의 뜻을 다 이룬 것처럼 보였다. 어느 주석가는 다윗이 "죄를 짓고도 들키지 않은 남자로서, 약간은 불편하지만 한껏 들뜬 기분"을 느꼈을 거라고 추측한다.[8] 우리도 그 감정을 안다. 일이 그렇게 되기까지 조금 고생하긴 했지만, 모든 것이 계획대로 흘러갔음에 틀림없다. 이 한 가지만 제외하고 말이다. "다윗이 행한 그 일이 여호와 보시기에 악하였더라"(삼하 11:27).

혹 지금 죄를 은폐하려고 애쓰는 중이라면, 하나님께서 우리의 행위를 알지 못하신다고 넘겨짚지 않기 바란다. 죄를 숨기려는 것은 전지(全知)하신 하나님 보시기에 쓸데없는 짓이다. 만약 우리가 하나님 보시기에 악한 일을 했다면, 그분이 그 죄에 대한 모든 것을 아신다고 보아야 한다. 솔로몬이 성적인 죄에 대한 원칙을 다음과 같이 명백하게 공표했다. "내 아들아 어찌하여 음녀를 연모하겠으며 어찌하여 이방 계집의 가슴을 안겠느냐 대저 사람의 길은 여호와의 눈앞에 있나니 그가 그 사람의 모든 길을 평탄하게 하시느니라"(잠 5:20-21).

믿음으로 드리는 회개

그렇다면 다윗은 무엇을 했어야 하는가? 환난이 치명적인 유혹으로 찾아왔을 때 그는 즉각 넘어갔다. 그리고 그것이 그를 더 큰 환난에 빠지게 만들었다. 마음속 깊은 곳에서 그는 틀림없이 이러한 사실을 알았을 것이다. 다만 피할 길이 없어 보였다. 그렇다면 그는 무엇을 했어야 하는가?

환난의 때에 무엇을 해야 할지 알 만한 사람이 있다면, 바로 다윗일 것이다.

다윗은 전에도 수차례나 환난에 빠진 경험이 있다. 때문에 환난에 빠질 때마다 어떻게 해야 할지를 잘 알고 있었다. 그것은 바로 자기를 구원해달라고 하나님께 기도하는 것이다. 우리는 시편에서 이것을 반복적으로 본다. "나를 멀리하지 마옵소서 환난이 가까우나 도울 자 없나이다"(시 22:11), "내 마음의 근심이 많사오니 나를 고난에서 끌어내소서"(시 25:17). 그런데 이번에는 그에게서 아무것도 듣지 못한다. 아무것도. 하나님께서 그에게 자비를 베푸셔서 참된 영혼의 친구를 보내주실 때까지 말이다.

감사하게도 다윗의 인생에는 그에게 맞설 만큼 그를 아껴주는 사람이 있었다. 우리는 사랑이란 누구에게도 잘못했다고 말하면 안 되는 것이라 믿는 문화 속에 살고 있다. 하지만 선지자 나단은 결코 그렇게 믿지 않았다. 그는 다윗 왕에게 당신이 죄인이라고 말해줄 만큼 충분히 그를 사랑했다.

나단이 행동으로 옮긴 방법도 현명했다. 마치 영적인 유도(柔道) 같았다. 선지자는 다윗 자신의 견해라는 무게를 이용했고, 피고의 정체를 알기 전에 판결을 내리도록 왕을 설득했다. 불의에 관한 비유를 드는 방식으로 말이다.

그 비유는 어느 부유한 가축 소유자가 어느 가난한 사람의 유일한 양을 훔쳐서 그것으로 손님을 대접했다는 내용이었다. 이 이야기는 다윗의 도덕성 지표를 재조정해 주었다. 그의 방어기제를 꿰뚫고 그의 양심을 사로잡았다. 그는 의로운 왕으로서 그 부유한 사람을 즉시 사형에 처하려 했다. 다윗의 분개는 나단의 서명 라인을 위한 완벽한 준비 장치였다. "당신이 그 사람이라"(삼하 12:7).

그 후 선지자는 고통스럽게 다윗의 범죄를 상세히 짚어갔다. 하나님은 다윗을 왕으로 기름 부으셨다. 원수들로부터 다윗의 생명을 구하셨고 그의 나라를 세우셨다. 그에게 집과 땅을 주셨고, 여인들도 부족함이 없었다. 그럼에도 다윗은 다른 남자의 아내와 동침했고 냉혹하게도 선한 사람을 쳐서 넘어뜨렸다. 그는 "이 일로 말미암아 여호와의 원수가 크게 비방할 거리를 얻게" 하였고(삼하 12:14), 그 결과 그의 집안은 투쟁과 스캔들의 장소가 되었다.

하지만 수치에 빠진 다윗이 옳게 행한 것이 하나 있었다. 전체 이야기에서 유일하게 옳게 행한 것, 그것은 바로 죄를 고백한 것이었다. 다윗이 말했다. "당신이 옳소, 나단. 내가 바로 그 사람이오." 성경 그대로 인용하면 다음과 같다. "내가 여호와께 죄를 범하였노라"(삼하 12:13).

우리는 시편 51편(애통하는 아름다움에 관한 노래)에서 처음부터 끝까지 다윗의 참회를 볼 수 있다. 다윗은 더 이상 변명하지 않았다. 그가 행한 일을 하나님이 모르신다고 뻔뻔하게 구는 것을 포기했다. 자신의 죄를 있는 그대로 보았다. 그는 그것을 인정할 수 있는 사람이었다.

"하나님이여 주의 인자를 따라 내게 은혜를 베푸시며
주의 많은 긍휼을 따라 내 죄악을 지워 주소서
나의 죄악을 말갛게 씻으시며 나의 죄를 깨끗이 제하소서
무릇 나는 내 죄과를 아오니 내 죄가 항상 내 앞에 있나이다
내가 주께만 범죄하여 주의 목전에 악을 행하였사오니
주께서 말씀하실 때에 의로우시다 하고
주께서 심판하실 때에 순전하시다 하리이다"(시 51:1-4).

하나님은 언제나 자기의 죄를 고백하는 사람들에게 인자를 베푸신다. 때문에 하나님은 다윗의 죄를 도말하셨다(삼하 12:13 참고). 하나님은 다윗의 소망을 새롭게 하셨고, 그의 믿음을 회복시키셨다. 다윗 안에 깨끗한 마음을 창조하시고, 그의 영을 새롭게 하셨다.

사실 다윗은 시편 51편의 마지막에 이르기 전 예배에서 이미 하나님

의 백성을 인도할 준비가 되어 있었다. 그는 이렇게 기도했다. "주여 내 입술을 열어 주소서 내 입이 주를 찬송하여 전파하리이다"(시 51:15).

다른 어떤 성경인물보다 더 많이, 다윗 왕은 하나님께서 환난에 빠진 백성을 구원하신다고 전파했다. "의인들의 구원은 여호와로부터 오나니 그는 환난 때에 그들의 요새이시로다"(시 37:39).

어떤 사람들은 이 약속을 믿기 어렵다고 생각한다. 특정한 죄는 종종 그들의 삶을 지배하는 것처럼 보이기 때문이다. 하지만 자기가 무력하다고 느끼는 사람이야말로 다른 방식으로는 결코 일어날 수 없는 일을 행하시는 하나님을 볼 수 있는 완벽한 장소에 있는 것이다. 죄를 다루려는 우리 자신의 시도는 실패하게 되어 있다. 오직 하나님의 능력만이 그 일을 하실 것이다.

제럴드 메이는 자기 책 『중독과 은혜』(Addiction and Grace)에서 이렇게 말한다. "모순되게도, 중독이 우리를 혼란에 빠뜨리고 패배시켜서 남겨진 선택이 없다고 느낄 때 자유는 가장 순수해진다. 우리가 절대적으로 무력하다고 느끼는 곳에서 가장 실제적인 능력을 갖는다. 우리에겐 이 길이나 저 길을 선택하는 힘이 남아 있지 않다. 그때 우리가 선택할 수 있는 것은 진정한 믿음뿐이다. 우리는 스스로를 믿을 수도 있고, 애착이 가는 것을 믿을 수도 있고, 하나님을 믿을 수도 있다."[9]

하나님을 믿으라. 그러면 진정한 자유를 발견할 것이다. 죄를 지을 때 십자가를 등지지 말라. 오히려 십자가를 향해 달려가라. 거기서 당신은 수차례 시험당하셨지만 단 한 번도 죄를 지은 적 없으신 구주를 만나게 될 것이다.

성경은 예수님이 모든 일에 시험을 받으셨다고 말한다(히 4:15). 추측컨대 거기에는 다윗이 직면했던 유혹들, 곧 욕망, 간음, 거짓, 살인, 그 밖의 치명적인 죄들이 포함될 것이다. 예수님은 성령님의 도우심으로 그 모든 위험에서 피할 길을 발견하셨고, 그 결과 그분의 십자가 죽음은 완벽한 제사가 되었다.

십자가에서 죽으시고 부활하신 주 예수님은 우리에게 용서와 자유를 주신다. 우리가 죄와 싸울 때 많은 것이 우리를 돕는다. 성경의 약속, 신뢰할 수 있는 동역자, 중독 치유 그룹, 성찬예식 등 모두가 제 역할을 한다. 그중에서도 주로 우리를 돕는 것은 믿음으로 드리는 회개다. 우리는 회개 중에 우리의 죄를 솔직히 고백하고, 십자가를 붙들고, 예수님의 자비를 믿는다.

영적인 변화를 가져오는 것은 복음이다. 복음을 믿는 자는 누구나 다윗 왕이 선포했던 축복을 받는다. "환난 날에 여호와께서 네게 응답하시고 야곱의 하나님의 이름이 너를 높이 드시며"(시 20:1).

나눔을 위한 질문

누구도(아무리 강력한 지도자일지라도) 죄에 대한 항체를 가지지 않는다. 오히려 사탄은 유능한 복음 사역자들을 위해 최악의 공격과 가장 악한 유혹을 남겨두는 것 같다. 다윗의 이야기는 우리가 매 순간 내리는 작은 선택이 우리를 한 길(순종의 길, 혹은 죄의 길)로 인도하고 있음을 상기시킨다. 작은 것도 중요하다. 하지만 우리가 비록 잘못된 길을 선택하더라도 언제나 소망이 있다. 심지어 우리가 전혀 생각해본 적 없는 처지에 놓인다 해도 말이다. 즉 어떤 경우에도 우리는 결코 우리를 구원하시는 하나님의 능력 밖에 있지 않다.

1. 슬프게도, 그리고 불가피하게도 일부 유능한 크리스천 지도자들이 개인의 죄 때문에 공개적으로 몰락합니다. 경건한 사람들을 파괴적인 죄로 이끄는 요인에는 어떤 것이 있습니까?

2. 당신이 아는 다윗의 이야기에서 그가 왕으로 부르심 받고 왕좌로 즉위하기까지의 몇 년 동안 하나님은 무엇을 하셨습니까? 그리고 다윗은 무엇을 하였습니까? 어떤 경험과 습관이 그를 빚어 경건하고 좋은 왕이 되게 하였습니까?

3. 저자는 우리가 온갖 의로운 일을 하고 모든 영적 유익을 누린다 해도 언제든 치명적인 유혹에 굴복할 수 있다고 지적합니다. 당신이 영적 위험에 처할 때 어떤 표시들을 발견합니까? 당신이 처한 지속적인 위험을 고려할 때, 당신이 취할 수 있는 자신만의 보호벽은 무엇입니까?

4. 사무엘하 11장 1-17절을 읽어봅시다. 다윗이 파멸한 원인은 무엇입니까? 그가 무시한 경고는 무엇이었습니까? 자기의 죄악을 막기 위해 그가 계속해서 취할 수 있었던 행동은 무엇이었습니까?

5. 우리야의 행위와 다윗의 행위를 대조해 봅시다. 우리야가 다윗과 다르게 행동한 것은 무엇입니까? 범죄한 다윗과 달리, 우리야를 흠이 없게 만든 요인들은 무엇입니까?

6. 사무엘하 12장 1-14절에서 나단은 다윗이 자기 죄를 볼 수 있도록 어떤 전략을 사용했습니까? 누군가에게 그(그녀)의 죄를 직면시켰던 적이 있습니까? 당신과 당신이 죄를 직면시킨 사람의 삶에 (긍정적이든 부정적이든) 어떤 결과가 있었습니까? 나단이 다윗의 상황을 다룬 것에서 이후 유사한 상황이 올 때 당신에게 도움이 될 만한 어떤 원칙을 도출할 수 있습니까?

7. 이 이야기에서 하나님의 심판을 볼 수 있는 것은 어느 부분입니까? 또한 하나님의 자비는 어떠했습니까? 하나님께서 큰 환난의 때에 다윗을 도우신 방법은 무엇입니까?

8. 나단의 현명한 영적 리더십 및 다윗의 유혹, 죄, 회개에서 당신은 어떤 교훈을 배웁니까? 그 교훈이 이번 주 당신의 삶에 어떤 영향을 미칠 수 있습니까? 당신이 저항해야 할 유혹은 무엇입니까? 고백해야 할 죄는 무엇입니까? 이번 주에 하나님의 거룩하심과 자비하심의 메시지를 들어야 할 사람은 누구입니까?

원수들의 박해와 조롱에 울부짖었던 예레미야

"내 생일이 저주를 받았더면!"
(렘 20:1-18)

예루살렘 성전에 있는 베냐민 문 위층에서 일어난 일이다. 선지자 예레미야에게 고난이 찾아왔다. 진짜 고난이었다.

전날 밤 그는 감옥에 갇혔다. 바스훌(성전 치안의 총감독이자 이스라엘의 '예언 관리 경찰'의 수장)이라는 사람이 예레미야가 예루살렘의 심판에 대해 예언한 것을 듣고, 그를 잡아들여서 때리고 가두었다.

다음 날 바스훌은 심경의 변화를 겪고 예레미야를 풀어주었다. 그렇게 풀려난 선지자는 자기의 고문관을 향해 하나님의 심판을 선포했다. 예레미야에게 임한 하나님의 말씀에 따르면, 바스훌의 친구들은 칼에 엎드러지거나 포로로 사로잡혀 죽을 것이다(렘 20:4). 또한 바스훌의 거짓 예언이 폭로되고 그의 죄악은 죽음으로 갚아질 것이다(렘 20:6).

예레미야는 바스훌에게 떼려야 뗄 수 없는 별명을 붙여주는 달콤한 만족을 누리기까지 했다. 즉 바스훌이라는 이름은 '사방이 결실하다'라는 뜻이지만, 예레미야는 그를 '마골밋사빕'(렘 20:3)이라 불렀다. 그것은 '사방이 두렵다'라는 뜻이었다.

쓰디쓴 감정의 폭발

물론 이것이 이야기의 전부는 아니다. 감옥에서의 기나긴 밤 동안 무엇이 예레미야의 마음을 휩쓸었는지에 대해 말해주지 않기 때문이다.

이를 위해 우리는 예레미야 20장 7-18절에서 선지자가 영혼의 어두운 밤 동안 독백한 내용을 읽어야 한다. 예레미야는 자기 인생에서 잘못되었던 모든 것을 애통하는 것으로 이 독백을 시작한다.

"여호와여, 주께서 나를 권유하시므로 내가 그 권유를 받았사오며
주께서 나보다 강하사 이기셨으므로 내가 조롱거리가 되니
사람마다 종일토록 나를 조롱하나이다
내가 말할 때마다 외치며 파멸과 멸망을 선포하므로
여호와의 말씀으로 말미암아
내가 종일토록 치욕과 모욕거리가 됨이니이다
내가 다시는 여호와를 선포하지 아니하며
그의 이름으로 말하지 아니하리라 하면
나의 마음이 불붙는 것 같아서 골수에 사무치니 답답하여 견딜 수 없나이다
나는 무리의 비방과 사방이 두려워함을 들었나이다
그들이 이르기를 고소하라 우리도 고소하리라 하오며
내 친한 벗도 다 내가 실족하기를 기다리며
그가 혹시 유혹을 받게 되면
우리가 그를 이기어 우리 원수를 갚자 하나이다"(렘 20:7-10).

그러다 갑자기 예레미야의 기분이 들뜬다. 그는 하나님 앞에 믿음을 보이며 이렇게 말한다.

"그러하오나 여호와는 두려운 용사 같으시며 나와 함께하시므로
나를 박해하는 자들이 넘어지고 이기지 못할 것이오며"(렘 20:11).
"여호와께 노래하라 너희는 여호와를 찬양하라
가난한 자의 생명을 행악자의 손에서 구원하셨음이니라"(렘 20:13).

그리고 놀라운 결론이 내려진다. 예레미야는 인상적인 질문으로 독백을 마무리하기 전에 성경에서 가장 쓰디쓴 저주를 말한다.

"내 생일이 저주를 받았더면,
나의 어머니가 나를 낳던 날이 복이 없었더면"(렘 20:14),
"어찌하여 내가 태에서 나와서 고생과 슬픔을 보며
나의 날을 부끄러움으로 보내는고"(렘 20:18).

작가 캐슬린 노리스는 미네소타에 있는 세인트존 수도원에서 예레미야서 말씀을 처음 들었다. 1년 반 동안 세인트존에서 수도사들과 함께 살았던 노리스는 거기 머무는 동안 수도원 생활의 중요한 부분이 아침 저녁의 기도시간에 성경 전체를 단락별로 꾸준히 읽는 것임을 발견했다. 그녀는 이렇게 말한다.

가장 놀라운 경험은 9월 하순 아침기도 때 선지자 예레미야에게 빠져들기 시작하여 11월 중순까지 그와 함께 지낸 것이다. 우리는 1장부터 곧장 읽어갔다. … 예레미야에게 귀 기울이는 일은 매일 아침 당신의 피를 순환시키는 지독한 방법 중 하나다. 그것은 카페인을 무색하게 만든다.[1]

노리스는 예레미야의 고통이 어떻게 자기 영혼의 고뇌가 되었는지에 대한 설명을 잇는다.

예레미야처럼 고뇌에 찬 선지자에게 자신을 솔직하게 드러내는 것은 고통스럽다. 어떤 날에는 그것이 불가능하기도 하다. … 예레미야의 소리는 호소력이 있다. 대단히 개인적인 차원에서 그렇다. 어느 날 아침, 나는 예레미야 20장의 감정 기복에 녹초가 된 나머지, 기도 후에 숙소로 돌아가 누웠다. 선지자로 부르신 것에 대한 쓰디쓴 감정의 폭발로 시작하는 이 열정적인 독백은 순식간에 거부와 부인(否認)으로 치닫는다. 원수들이 자기를 조롱하는 방식에 대해 예레미야의 분노가 치밀어 오른다. 두려움과 슬픔도 마찬가지다. 하나님에 대한 믿음을 언급하는 것은 상황 때문에 강요된 것처럼 보이고, 쓰디쓴 울부짖음이 뒤따르는 짤막한 송영(頌榮)은 너무나 모순적이다. 20장은 그렇게 고뇌에 찬 질문으로 마무리된다.[2]

노리스가 옳다. 예레미야 20장은 이불 속으로 파고들어야 할 수많은 이유를 준다.

당시는 선지자 예레미야의 사역의 침체기다. 인생이 우리 뜻과 반대로 흘러가는 것처럼 보일 때 우리에게 찾아오는 유혹과 똑같은 유혹을 선지자가 겪고 있다. 그는 하나님을 비난하고, 인생의 소명을 거부하고, 자기가 태어난 날을 저주했다.

기도로 주님께 가져가라

예레미야의 말은 고난이 찾아올 때 해야 할 3가지 소중한 교훈을 가르쳐준다. 그중 첫 번째가 가장 중요할 것 같다. **당신의 고난을 기도로 주님께 가져가라.**

예레미야에게는 낙심할 만한 여러 이유가 있었다. 무엇보다 그는 위험에 처했다. 제사장들이 성전 한쪽에 모여들었다. 예레미야는 그들의 추잡한 비방소리를 들으며 앙상한 손가락이 자기를 가리키는 것을 볼 수 있었다. 솔직히 사람들은 그가 전하는 심판의 메시지를 지긋지긋해했다(렘 20:8 참고). 소위 친구라는 이들조차 예레미야가 실족하기를, 많은 사람이 그를 덮치기를 기다리고 있었다. 그는 이미 매 맞았고 감금당했다. 이제 그들이 또 어떤 짓을 할까?

선지자가 낙심한 또 다른 이유는 사람들이 그를 조롱하고 있었기 때문이다. "내가 조롱거리가 되니 사람마다 종일토록 나를 조롱하나이다"(렘 20:7). 예루살렘의 재담꾼들은 예레미야의 희생에서 농담거리를 얻고 있었다. 물론 그들의 진짜 이슈는 메시지였지만, 어느 순간부터 그들은 메신저를 조롱하기 시작했다. "미친 구닥다리 선지자가 지나가는군. 저 사람이 어제 한 얘기 들었어? 새 옹기를 가져가더니 성벽 밖에서 깨뜨렸다네. 저 작자에겐 죄수복이 필요해. 원수들이 우리 성읍을 파괴하러 온다고 지껄이잖아."

언어폭력은 악의적인 구타에 비해 상대적으로 심각해 보이지 않을 수 있다. 하지만 조롱은 결국 손상을 입히기 시작한다. 그중 하나가 특히 악의적이었다. 그들은 예레미야를 마골밋사빕, 곧 "사방의 두려움"(렘 20:10)이라고 불렀다. 다시 말해 그들은 예레미야가 바스훌에게 했던 질책을 예레미야에게 그대로 사용했다.

이와 같이 예레미야는 멸시당했고 거절당했다. 가장 친한 친구를 포함한 모든 친구들이 그를 배신했다. 그는 애통해했다. "여호와여 주께서 나를 권유하시므로 내가 그 권유를 받았사오며 주께서 나보다 강하사 이기셨습니다"(렘 20:7). 틀림없이 예레미야는 하나님의 말씀이 정말 진리인지 의심하기 시작했을 것이다. 하나님은 예레미야에게 예언하라고 명령하셨고, 그래서 예언했다. 하지만 하나님께서 약속하신 심판이 어디에 있는가? 예레미야의 고통은 분명 하나님의 잘못이었다. 그는 단순히 하나님께서 그에게 말하라고 하신 바를 말했기 때문이다. 게다가 하나님께서 그분의 약속이 성취되는 것을 늦추실수록, 예레미야는 자기가 거짓 선지자가 된 것은 아닌지 더욱 의아해했다. 어쩌면 주님께서 그를 속이셨는지도 모른다고 생각했다.

당신이 낙심했을 때, 이와 비슷한 느낌을 받은 적이 있는가? 인생은 너무도 고되기 때문에, 때때로 우리는 하나님과 그분의 복음에 대한 모든 것이 과연 진리인지 의심하게 된다. 어쩌면 우리가 오래도록 속아왔는지도 모른다고 말이다.

예레미야가 자기의 의심과 환난에 대처하기 위해 생각했던 유일한 방법은 그것들을 기도로 주님께 가져가는 것이었다. 예레미야 20장은 고통당하는 신자의 기도다. 고독하게 감금당한 예레미야를 상상해보라. 육체적 고통으로 약해져 있고 감정적 혼란으로 기진맥진해 있었다. 그럼에도 그의 입에서 나온 첫마디는 전능하신 하나님께 울부짖는 기도였다. "여호와여!"

하나님은 우리의 환난을 그분께 곧장 가져오라고 초청하신다. 기도는 경건한 사람들이 역사 속에서 줄곧 해오던 것이다. 가족의 죽음을 비통해한 욥은 잿더미 위에서 기도했다(욥 3장). 사울 왕을 피해 숨어있던 다윗은 동굴에서 기도했다(시 57편). 하나님으로부터 도망치려 했던 요나는 고래 배 속에서 기도했다(욘 2장). 예수님도 우리의 죄를 위해 고통당하실 때 십자가 위에서 기도하셨다. "나의 하나님, 나의 하나님"(마 27:46).

그러므로 당신이 환난에 빠질 때마다 하나님과 만날 수 있는 은밀한 장소로 당신의 괴로움을 가져가라. 그 외 어디에서 당신의 마음을 그토록 자유롭게 털어놓을 수 있겠는가! 누가 당신을 그와 같이 부드럽게 위로하겠는가! 이제 당신의 환난을 숨길 필요가 없다. 그 괴로움을 기도로 주님께 가져가라!

상황은 다르지만 원칙은 같다

선지자는 기도로 다시 용기를 내었다. 성령께서 그의 영혼을 돌보셨다. 그래서 갑자기, 그리고 전혀 예상치 못하게 그는 불평을 잠시 멈추고 찬양했다. 그는 외로웠고 두려웠다. 낙심했고 낙담했다. 그럼에도 예레미야 20장 11-13절에서 그는 하나님께 찬송의 시편을 올려드렸다. 이것은 우리에게 두 번째 교훈을 준다. **우리가 고난에 빠졌을 때조차 하나님은 우리의 찬양을 받기에 합당하시다.**

예레미야의 찬양은 짧았지만 완벽했다. 그의 시편은 신앙고백, 구원에 대한 기도, 그리고 찬송을 포함하고 있었다.

그의 신앙고백은 다음과 같이 이어졌다.

"그러하오나 여호와는 두려운 용사 같으시며 나와 함께하시므로
나를 박해하는 자들이 넘어지고 이기지 못할 것이오며
그들은 지혜롭게 행하지 못하므로 큰 치욕을 당하오리니
그 치욕은 길이 잊지 못할 것이니이다"(렘 20:11).

예레미야는 자기에게 무슨 일이 일어나고 있는지를 명확하게 이해하지 못했다. 하나님조차 그에게 등을 돌리시는 것처럼 보였다. 그럼에도 그는 구주의 성품에 대한 진리를 증언했다. 존 칼빈은 이 구절에 대한 주석에서 이렇게 말한다. "여기서 선지자는 자기를 대적하는 모든 장치에 하나님의 도우심을 세워놓는다. 한편으로는 배신하는 친구들이 자신을 몰래 함정에 빠뜨리려 하고, 다른 한편으로는 공개된 적들이 공공연히 그에게 반항했음에도 불구하고, 예레미야는 하나님이 자기를 확실히 보호하실 것을 의심하지 않았다."[3]

예레미야는 하나님이 멀리 계신 것 같아 보일 때조차 자기와 함께하

심을 믿었다. 개인적으로 자기가 무력하다고 느낄 때조차 주님은 강하시다는 것을 알았다. 또한 비록 악한 자들이 승리한 것처럼 보이더라도 결국에는 그들이 패배할 것을 예상했다. 그러므로 선지자는 담대하게 하나님이 자기의 구원이시라고 고백했다.

당신의 신앙고백은 무엇인가? 교회에서 암송하는 신앙고백 말고, 매일 당신이 의지해서 살아가는 신앙 말이다. 당신의 모든 고난 가운데서, 타락한 세상의 모든 환난 가운데서, 하나님이 강한 용사처럼 당신과 함께 계신다고 말할 수 있는가?

예레미야는 이것을 믿었다. 그리고 믿었기 때문에 도움을 구하는 기도를 할 수 있었다.

"의인을 시험하사 그 폐부와 심장을 보시는 만군의 여호와여 나의 사정을 주께 아뢰었사온즉 주께서 그들에게 보복하심을 나에게 보게 하옵소서"(렘 20:12).

예레미야는 환난에 빠졌을 때 문제를 자기 손에 두지 않았다. 자기 힘으로 문제를 해결하려 하지 않았다. 그 대신 자기의 명분을 주님께 두었다. 그의 특수한 상황에서 이것은 그의 명분이 입증되고 원수들이 수치를 당하게 해달라고 기도하는 것을 의미했다.

우리의 상황은 그와 다를 것이다. 하지만 원칙은 같다. 만약 우리가 하나님이 우리와 함께 계시고 그분께 우리를 도울 능력이 있으심을 믿는다면, 우리는 오직 그분만이 주실 수 있는 모든 도움을 구해야 한다.

예레미야는 하나님의 구원을 강하게 확신했기 때문에 자신의 찬양을 다음과 같은 노래로 마무리했다.

"여호와께 노래하라 너희는 여호와를 찬양하라
가난한 자의 생명을 행악자의 손에서 구원하셨음이니라"(렘 20:13).

여기서 우리는 예레미야가 목에 나무 고랑을 한 채 노래하며 허리를 굽히는 것을 상상해볼 수 있다. 긴 찬송을 부를 만큼의 호흡은 없었을지 모르지만 적어도 짧은 찬송은 해낼 수 있었다. 의심을 지나 주님에 대한 견고한 신앙의 자리에 이르렀기에 그는 영혼의 어두운 밤 동안 하나님을 찬양했다. 어쩌면 예레미야가 감옥에서 풀려난 후 자기 노래에 이 연(聯)을 덧붙였을 추측도 가능하다. 둘 중 어느 것이 진실이건, 시편이 가난한 자를 단수로 언급한다는 사실에 주목하라. 문자 그대로 주님은 "가난한 자"의 생명, 곧 선지자인 그를 구원하신다(렘 20:13).

독일의 신학자 디트리히 본회퍼는 예레미야처럼 하나님의 말씀을 위해 감옥에 갇혔다. 그는 나치 수용소에서 영혼의 어두운 밤을 견뎠다. 하지만 거기에서조차 하나님 찬양하기를 멈추지 않았다. 오히려 그는 이렇게 기도했다.

제 안에 어둠이 있습니다. 하지만 당신과 함께라면 빛이 됩니다.
저는 외롭습니다. 하지만 당신은 저를 버리지 않으십니다.
저는 불안합니다. 하지만 당신과 함께라면 평안합니다.

제 안에 괴로움이 있습니다. 하지만 당신과 함께라면 인내할 수 있습니다. 당신의 길은 사람의 이해를 뛰어넘습니다. 하지만 당신은 나를 위한 길을 아십니다.[4]

주님을 찬양하는 것은 언제나 좋지만 환난 중에 더욱 좋다. 그러므로 낙심하고 낙담했을 때 해야 할 가장 좋은 일은 찬양이다. 참회하고, 기도하고, 찬송하라. 불평할 거리가 있을 때에도 하나님께 믿음을 고백하고, 구원을 위해 기도하고, 그분의 이름을 높이라.

거대한 물음표

이러한 예레미야의 찬양 시편에서 딱 멈추고 싶은 유혹이 찾아온다. 하지만 이야기는 그렇게 끝나지 않는다. 성경은 있는 그대로 취해야 하고, 이번 이야기는 우울한 경험으로 끝맺는다. 그의 찬송 마지막 음표가 사라져가면서 선지자는 우리에게 자기가 죽기를 원한다고 말해준다.

"내 생일이 저주를 받았더면,
나의 어머니가 나를 낳던 날이 복이 없었더면,
나의 아버지에게 소식을 전하여 이르기를 당신이 득남하였다 하여
아버지를 즐겁게 하던 자가 저주를 받았더면,
그 사람은 여호와께서 무너뜨리시고 후회하지 아니하신 성읍같이 되었더면,
그가 아침에는 부르짖는 소리,

낮에는 떠드는 소리를 듣게 하였더면 좋을 뻔하였나니
이는 그가 나를 태에서 죽이지 아니하셨으며
나의 어머니를 내 무덤이 되지 않게 하셨으며
그의 배가 부른 채로 항상 있지 않게 하신 까닭이로다"(렘 20:14-17).

예레미야는 자기 생일을 축하하지 않고 오히려 저주했다. 역사를 거슬러가서 자기의 출생과 관련된 모든 상황과 사람을 저주하기 원했다. 심지어 아버지에게 '좋은 소식'을 전했던 사람이 차라리 그를 목 졸라 죽였기를 바랐다.

이처럼 예레미야의 기분은 찬양에서 저주까지 아찔한 속도로 움직였다. 한 절은 최고의 찬양이 담긴 시편인데, 다음 절은 지독한 절망의 애가다. 때문에 일부 학자들은 14절이 "13절 뒤에서 조화를 이루기가 매우 어렵다"는 결론에 이르렀다.[5] 결국 그들은 20장을 선지자의 말이 뒤범벅된 것으로 간주한다. 칼빈조차 이를 어리둥절해했다. 그에게는 "거룩한 사람이 마치 자제심을 잃은 것처럼 갑자기 하나님에 대한 감사에서 저주로 옮겨간 것이 무가치"해 보였다.[6]

어쩌면 예레미야가 자제심을 잃었는지 모른다. 하지만 이 구절들은 서로 잘 어울린다. 논리로는 그렇지 않은 것처럼 보일지 모른다. 하지만 경건생활이 언제나 논리적인가? 예레미야의 저주가 찬양 뒤에 오는 이유는 그것이 바로 영혼의 어두운 밤에 일어나는 일이었기 때문이다.

그리스도인의 삶에도 때로는 혼란과 정신분열적인 본성이 있음을 인정하는 게 중요하다.

우리는 성도인 동시에 죄인이다. 비록 우리의 죄가 용서받았다 해도 우리는 계속해서 죄를 짓는다. 게다가 우리의 삶은 고통과 즐거움이 뒤섞여 있다. 그래서 어느 순간에 찬양하다가 다음 순간에 저주를 퍼붓는다. 어느 날에는 우리를 향한 하나님의 계획 안에서 기뻐하다가 다음 날에는 그분의 목적에 저항한다.

성경에서 예레미야의 서주는 괴로운 애가의 일부를 형성한다. 데릭 키드너에 의하면, 선지자의 말은 "우리를 당황시키려고 의도되었다. 성경에 있는 이 노골적인 상처들은 그와 그의 동료들이 다른 고통에 아파했던 울음과 함께, 오랜 씨름의 날카로움과 멋진 승리자들의 유약함을 잊지 않기 위한 것이다."[7]

하지만 예레미야의 저주가 하나님이나 부모를 향하기 직전에 멈춘 것에 주목하라. 그것은 이스라엘 안에서 사형에 해당하는 범죄였다(렘 20:9, 24:15-16). 그는 저주를 끝낼 생각이 전혀 없어 보였지만, 한편으로는 저주가 시작되지 않기를 진심으로 바랐다. 그래서 다음과 같은 질문을 던진다.

"어찌하여 내가 태에서 나와서 고생과 슬픔을 보며 나의 날을 부끄러움으로 보내는고"(렘 20:18).

예레미야는 박해의 고통을 알았다. 그의 백성이 하나님의 말씀을 거부하는 것을 지켜보는 슬픔도 알았다. 그리고 공개적으로 수치를 당하는 부끄러움도 알았다. 이 모든 고난이 그의 존재에 거대한 물음표를 남겼다. 물론 선지자에게는 강한 믿음이 있었지만, 그에게도 대답보다 질문이 더 많던 때가 있었다. 여기서 그는 창조, 구원, 소명 등 온갖 일들에 관해 질문했다.[8]

예레미야의 질문을 전체적인 성경 맥락에서 생각해보면 다음과 같은 최종 결론에 이른다. 즉 **고난이 때로 우리 존재에 거대한 물음표를 남길지라도, 그것은 결코 최종 결정권을 갖지 않는다.**

예레미야 20장은 그가 스스로 대답할 수 없던 질문으로 끝나지만, 성경은 이에 대한 답을 제시한다. 왜 예레미야는 태에서 나와 고생과 슬픔을 보았는가? 사실 하나님께서 예레미야를 사역의 길로 처음 부르실 때 이미 답을 주셨다. 즉 그는 하나님께서 그에게 이미 말씀하신 내용을 상기해야 했다.

"내가 너를 모태에 짓기 전에 너를 알았고 네가 배에서 나오기 전에 너를 성별하였고 너를 여러 나라의 선지자로 세웠노라"(렘 1:5).

예레미야는 자기의 환난을 어머니의 태까지 거슬러 추적해갔지만 충분히 되돌아가지는 못했다!

그러나 하나님은 그분의 약속을 모태보다도 훨씬 더 전으로 멀리 추적해가셨다. 태초부터 하나님은 예레미야의 인생에 대한 목적을 갖고 계셨다. 따라서 그는 주님께서 영원 전부터 사역과 구원을 위해 그를 성별하셨다는 사실을 상기해야 했다.

어쩌면 우리에게도 상기시켜 주는 무언가가 필요할지 모르겠다. 우리는 매일 고통을 겪는다. 친구나 가족에게 조롱당할 때도 있다. 원수들이 딴죽을 걸려고 기다릴 때도 있다. 우리가 속한 사회와 교회의 불경건함에 짓눌린다. 우리가 모태에서 왜 나왔는지 정말 의아할 때가 있다.

그에 대한 이유는 다음과 같다. 하나님은 구원과 사역을 위해 우리를 성별하셨다. 태초부터 예수 그리스도 안에서 우리를 구원하시려고 계획하셨다. 성경은 "(하나님이) 창세전에 그리스도 안에서 우리를 택하사"(엡 1:4)라고 말한다. 또한 하나님은 세상에서 그분의 일을 하라고 우리를 성별하셨다. 성경은 말한다. "우리는 그가 만드신 바라 그리스도 예수 안에서 선한 일을 위하여 지으심을 받은 자니 이 일은 하나님이 전에 예비하사 우리로 그 가운데서 행하게 하려 하심이니라"(엡 2:10).

이처럼 고난이 우리 존재에 거대한 물음표를 남길 때조차, 우리를 향한 하나님의 계획과 예수 그리스도 안에 있는 은혜가 항상 최종 결정권을 갖는다.

이 말은 고통에 관한 모든 질문에 언제나 간단하고도 만족스러운 답이 있다는 뜻이 아니다. 휘튼대학 교무처장인 스탠 존스는 몸을 쇠약하게 만드는 질병에 관한 2014년의 간증에서 고통에 대한 온갖 질문(대답하기 어렵거나 심지어 불가능하다고 생각되는 질문들)에 유익한 관점을 제시하며 이렇게 말했다.

오래전 나는 고통에 관한 책을 읽었습니다. 저자의 요점은 내가 반복해서 시간을 거슬러 가야 한다는 것이었습니다. 그는 고통에 대해 '왜?'라고 질문하는 것 대부분이 궁극적으로 대답이 불가능하다고 말했습니다. 마치 하나님은 '왜?'라는 질문에 관심이 없으신 것처럼 보였습니다. 고통에 대한 우리의 철학적인 반응은 대개 고통이라는 곤경에서 다양한 형태로 하나님을 구하는 것에 불과합니다. 하지만 그 저자는 하나님은 곤경을 면하는 데 관심이 없으신 것처럼 보인다고 지적합니다. 사실 예수 그리스도 안에서 고통에 대한 하나님의 대답은 곤경을 면하는 것과는 거리가 멉니다. 오히려 하나님은 인간의 고통이라는 고리에 하나님 자신을 깊이 찌르셔서 고통의 한복판에서 우리와 함께 고통당하십니다.[9]

환난이 찾아와 우리의 존재에 거대한 물음표를 남길 때, 우리는 예수님을 기억하고 십자가의 공감을 기억해야 한다.

나눔을 위한 질문

목회에서는 성공이 성공처럼 보이지 않는다. 우리는 한 사람의 회심을 위해 수년간 사역하기도 한다. 복음으로 돌이키는 사람보다 복음에 등을 돌리는 사람이 더 많은 것처럼 느껴지기도 한다. 하지만 우리가 시험에 들어 절망하려 할 때, 예레미야의 이야기는 우리의 믿음이 눈에 보이지 않는 하나님께 있음을 생각나게 한다. 보이는 것은 잠깐이요, 보이지 않는 것은 영원하다. 이 세상을 사는 우리의 제한된 시야로 보이지 않는 것을 보려 할 때, 하나님께서는 도우심을 구하는 우리의 간구, 찬양의 노래, 약속에 대한 믿음(아무리 흔들리는 믿음이라도)을 기뻐하신다.

1. 하나님께서 당신을 이 세상에서 특별하게 부르셨다는 것을 믿습니까? 프레드릭 비크너의 유명한 말처럼 "당신의 깊은 환희와 세상의 배고픔이 만나는" 곳은 어디입니까?

2. 예레미야 20장 7-18절을 읽어봅시다. 예레미야가 직면한 환난은 무엇입니까?

3. 선지자 예레미야의 육체적, 영적, 감정적 행복 상태가 어떠합니까? 본문에서 당신이 경험했던 감정을 표현해 놓은 구절은 무엇입니까? 이러한 감정을 낳은 상황은 무엇입니까?

4. 예레미야는 자기의 의심을 가지고 하나님께 나아갔습니다. 그의 기도가 당신을 놀라게 하는 부분은 어디입니까? 당신이 하나님과 대화할 때 이 정도로 정직하게 나아갑니까, 아니면 그렇지 못합니까?

5. 예레미야 20장 11-13절에서 예레미야가 믿음을 표현한 후 절망에 빠진 이유가 무엇이라고 생각합니까? 이것이 기도와 찬양에 관해 우리에게 무엇을 가르쳐줍니까? 신자의 삶에 찾아오는 믿음과 의심에 관해서는 무엇을 가르쳐줍니까?

6. 예레미야 20장 11-13절에서 예레미야는 하나님의 어떤 성품을 찬양합니까? 예레미야가 되새긴 하나님의 약속은 무엇입니까? 그는 하나님께서 어떤 행동을 취하실 거라고 신뢰합니까?

7. 예레미야처럼 강한 소명감을 가진 사람도 헛된 노력이 명백해 보이는 상황(옳은 일을 하고 있음에도 삶이 어렵고 사역의 열매가 없어 보일 때)에 영향을 받지 않을 수 없습니다. 당신이 의심의 시기를 헤쳐갈 수 있도록 도와주었던 믿음의 훈련은 무엇이었습니까?

8. 당신의 현재 상황에 적용할 수 있는 짧은 신앙고백을 적어보고, 향후 당신이 기도할 때 당신의 마음과 생각을 안내하도록 사용해봅시다.

벅찬 소명으로 아들과 함께 고난받았던 마리아

"칼이 네 마음을 찌르듯 하리니"
(눅 1:26-38, 2:22-35)

약혼기간 중이었다. 결혼식이 얼마 남지 않았다. 그런 마리아에게 고난이 찾아왔다. 진짜 고난이었다.

마리아는 나사렛에 있던 자기 집에서 일을 하고 있었다. 그런데 갑자기 천사가 나타나 이렇게 말했다. "은혜를 받은 자여 평안할지어다 주께서 너와 함께하시도다"(눅 1:28). 이 말이 환난처럼 들리지 않는 사람도 있을 것이다. 하지만 살아있는 천사를 실제로 만나본 적 없는 사람들에게나 그럴 것이다.

마리아는 정말로 천사를 보았다. 그리고 "그 말을 듣고 놀라 이런 인사가 어찌함인가" 생각했다(눅 1:29). 가련한 소녀는 겁을 먹고 반쯤 죽은 것같이 되었던 게 틀림없다. 천사가 그녀를 즉시 안심시켜야겠다고 느낀 것을 보면 말이다. "마리아여 무서워하지 말라 네가 하나님께 은혜를 입었느니라"(눅 1:30).

특별한 아들

천사의 말은 축복으로 가득했다. 그는 마리아의 이름을 부르고 정중한 인사를 건넸다. 그리고 하나님께서 그녀와 함께하시고 그녀에게 은혜를 베푸신다고 말했다. 마리아가 하나님의 은혜를 받았다고 선포했다. 그러나 마리아는 여전히 환난에 처해 있었다. 왜냐하면 이제 곧 하나님의 부르심에 응할 것이기 때문이다. 그 부르심은 성탄절부터 부활절까지 매일 그녀를 괴로움에 빠뜨릴 부르심이며, 상상할 수 없는 고통이 따르게 될 부르심이었다. 이처럼 하나님의 은혜를 입는다는 것은 하나님이 당신을 모든 고난으로부터 피하게 하신다는 뜻이 아니다. 많은 경우, 고난은 단지 일의 시작일 뿐이다.

마리아의 고난은 천사의 말이 곧바로 실현되면서 시작되었다. "보라 네가 잉태하여 아들을 낳으리니 그 이름을 예수라 하라 그가 큰 자가 되고 지극히 높으신 이의 아들이라 일컬어질 것이요 주 하나님께서 그 조상 다윗의 왕위를 그에게 주시리니 영원히 야곱의 집을 왕으로 다스리실 것이며 그 나라가 무궁하리라"(눅 1:31-33).

천사는 수많은 약속을 짧은 한 마디에 압축시켰고, 마리아가 들은 주요 내용은 그녀가 아기를 갖게 될 것이라는 사실이었다.

"말도 안 돼요. 농담이시죠?" 아마도 마리아가 하고 싶던 말일 거다. 마리아는 아직 결혼식 준비조차 마치지 않았을뿐더러 결코… 남자와 함께한 적이 없었다. 게다가 그녀는 다음과 같이 분명하게 질문할 만큼 충분한 성(性) 지식을 갖고 있었다. "나는 남자를 알지 못하니 어찌 이 일이 있으리이까"(눅 1:34). 그러자 천사가 대답했다. 적어도 하나님의 말씀과 성령의 능력과 성육신의 신비를 믿는 자에게 주는 답으로서는 매우 적절했지만 그것이 아무리 좋은 대답이라 해도 쉬운 대답은 아니었다.

천사가 마리아에게 말했다. "성령이 네게 임하시고 지극히 높으신 이의 능력이 너를 덮으시리니 이러므로 나실 바 거룩한 이는 하나님의 아들이라 일컬어지리라"(눅 1:35). "대저 하나님의 모든 말씀은 능하지 못하심이 없느니라"(눅 1:37).

이와 같이 천사는 하나님께서 어떻게 이것을 하실 수 있는지 설명했지만 마리아가 어떻게 행동해야 하는지는 설명하지 않았다.

부부간의 임신이 아닌 여러 경우를 생각해보라! 마리아처럼 훌륭한 소녀에게 임신이 그리 큰 환난이 아니라고 생각하는 사람은 나사렛같이 작은 마을에 살아본 적이 없는 사람이다. 그것은 사람들이 스스로 계산해 볼 수도 있는 일이었다. 아홉 달부터 시작하여 거꾸로 세어가는 식으로 말이다. 머지않아 그들은 마리아가 임신할 수 있었던 날짜보다 더 빨리 임신했다는 걸 알게 될 것이고 분명 제멋대로 떠들고 다닐 것이다.

그 후 마리아가 출산 과정에서 겪어야 할 어려움도 많았다.

당시 많은 부부처럼 요셉과 마리아는 로마의 강력한 지정학적 법규에 휘둘렸다. 즉 가이사는 인구조사를 선포했고, 요셉과 마리아는 세금을 내기 위해 길을 떠났다. 베들레헴까지 걸어서, 혹은 나귀를 타고 가야 하는 긴 여행이었다. 그들이 도착했을 때 마리아는 요셉이 호텔 예약에 실패한 것을 알게 되었다. 당시는 익스피디아(Expedia, 호텔, 항공, 렌터카 예약 사이트 - 역주) 같은 것도 없었을 게 분명하다. 부킹닷컴(booking.com, 숙소 예약 사이트 - 역주)도 마찬가지다. 그래서 그들은 자기들이 가진 것으로 임시변통했고 결국 마구간에서 잠을 잤다. 거기서 마리아의 양수가 터지고 그들 부부의 첫째 아들이 태어났다.

출산은 분명 고통이다. 늘 그렇다. 환희 전에 반드시 고통이 있다. 갓 엄마가 된 마리아는 하나님께서 약속을 지키셨음을 알았다. 목자들이 크게 기뻐하며 좋은 소식을 축하해주러 왔다. 하지만 그 어떤 것도 쉽지 않았다.

몇 주 후 이 행복한 부부는 성전에서 아기를 주께 드리려고 예루살렘으로 향했다. 그들에겐 드릴 것이 많지 않았다. 어린 비둘기 한 쌍뿐이었다. 그것은 당시 가난한 사람들이 가져오던 수준의 제물이었다.

제사장 시므온이 아기 예수를 품에 안고 축복했다. 그리고 마리아에게 몸을 돌려 말했다. "보라 이는 이스라엘 중 많은 사람을 패하거나 흥하게 하며 비방을 받는 표적이 되기 위하여 세움을 받았고 또 칼이 네 마음을 찌르듯 하리니 이는 여러 사람의 마음의 생각을 드러내려 함이니라"(눅 2:34-35).

그 순간 마리아는 시므온의 말을 거의 이해하지 못했다. 다만 그의 말이 그녀의 모성 위에 길고 어두운 그림자를 드리우고 있다는 것은 이해했다. 그녀의 소중하고 사랑스런 아들은 백성들의 마음을 나눌 것이다. 어떤 이들은 그를 사랑하겠지만, 어떤 이들은 그를 미워할 것이다. 이 모두가 마리아의 심장(어머니만이 할 수 있는 사랑으로 아들을 사랑한 어머니의 심장)에 비수를 꽂을 것이다.

얼마 후 더 큰 환난이 왔다.

유대인에게 새 왕이 나셨다는 소식을 알게 된 헤롯 왕은 질투로 격분하며 갓 태어난 마리아의 아들을 죽이려고 했다. 가족은 가능한 멀리 피신해야 했다. 또 다시 긴 여행길에 올랐다. 이번에는 애굽까지 갔다. 마리아와 요셉은 가난했다. 박해의 희생양이었고, 집 없는 난민이었다. 불법 이민자였다. 그들을 묘사하기 위해 어떤 단어를 사용하든, 그들은 사람이 생사의 갈림길에서 직면하게 되는 온갖 환난으로 고통당했다.

2014년 12월, TV프로그램 '60분'은 요르단에 있는 보호구역을 찾기 위해 전쟁으로 찢긴 시리아를 탈출하는 난민들의 곤경을 방영했다. 군인 트럭이 난민들을 음식과 물이 있는 캠프로 실어주기 위해 국경선에 정차해 있었다. 트럭 안은 모두가 탈 만큼 공간이 넉넉했지만 어머니들은 기다리지 않았다. 그들은 처음 본 트럭에 모든 자녀들을 태웠다. 설령 그것이 뒤에 남겨지는 것을 의미한다 해도 말이다. 만약 조금의 위험이라도 있었다면, 어머니들은 자신이 그것을 감수하고 자녀들은 안전한 곳에 보냈을 것이다.

마리아 역시 동일하게 느꼈을 게 틀림없다. 나사렛에서, 베들레헴에서, 예루살렘에서, 애굽에서, 어떠한 위험에 직면할 때마다 그녀의 생각은 오직 아들을 보호하는 것이었다. 즉 그녀의 부르심은 어떤 환난이 닥치더라도 하나님 나라의 사역을 위해 아들을 기르는 것이었다.

메시아의 어머니로 산다는 것

크리스마스 이야기는 마리아에게 닥친 고난의 끝이 아니라 시작에 불과했다. 예수님은 착한 아들이었다. 실제로 성경은 줄곧 예수님이 부모에게 순종했다고 말한다(눅 2:51). 하지만 예수님에게나 어머니에게나 그것이 쉬웠을 리 없다. 예수님이 자라감에 따라 하나님의 아들이라는 독특한 정체성과 세상의 구주로서의 특별한 소명이 그분의 가족 관계에 지속적인 긴장을 낳았다.

예수님이 열두 살 되셨을 때, 유월절을 지내기 위해 가족이 함께 예루살렘에 올라갔다가 무슨 일이 생겼었는지 기억해보라.

매년 한 차례씩 돌아오는 이 성지순례는 가족의 전통이자 예수님 같은 소년에게는 엄청난 경험이었을 것이다. 예루살렘 거리마다 20만 명의 예배자들과 10만 마리의 유월절 양들이 가득했다. 열두 살이 될 때까지 예수님은 그곳을 마음대로 드나드셨을 것이고 그 풍경과 소리에 익숙하셨을 것이다.

다음 해면 예수님은 열세 살이 되실 터였다. 열세 살은 온전히 회당의 일원('율법의 아들' 곧 '바 미츠바'[Bar Mitzvah], 오늘날의 성인식과 같은 것을 치른 소년)이 될 수 있는 나이였다. 관습에 의하면 열두 살 소년은 아버지와 함께 예루살렘에 올라가서 유월절의 성스러운 의식들을 배움으로써 성인이 되었다.

이것이 그 유명한 혼란의 배경이다. "그날들을 마치고 돌아갈 때에 아이 예수는 예루살렘에 머무셨더라 그 부모는 이를 알지 못하고 동행 중에 있는 줄로 생각하고 하룻길을 간 후 친족과 아는 자 중에서 찾되 만나지 못하매 찾으면서 예루살렘에 돌아갔더니"(눅 2:43-45).

어쩌다 이 일이 일어났는지 추측해보는 것은 어렵지 않다. 안전과 친목의 이유로 순례자들은 가족별로 여행하지 않고 대규모 대열을 이루었다. 여자들은 어린 자녀들과 앞서 가고 남자들은 그 뒤를 따르는 식이었다. 따라서 열두 살의 예수님은 아마도 무리 중에 끼어 있었을 것이다.

처음에 마리아는 예수님이 남자들과 함께 오고 있다고 생각했을 것이고, 반면 요셉은 당연히 어머니와 함께 있을 것으로 여겼을 것이다.

밤이 되어 일행이 멈출 때까지 메시아는 행방불명이었다. 마리아는 분명 완전한 패닉에 빠졌을 것이다. 어머니가 자식을 잃어버리는 것만큼 공포스러운 일은 없다. 우리 가족에게도 필라델피아의 센터시티와 웨스트버지니아에서 이런 일이 있었다. 두 번 다 불과 몇 분 만에 아이를 찾았지만 그 짧은 순간 동안 우리를 사로잡았던 한없는 두려움을 결코 잊지 못할 것이다.

"예수는 어디 있죠?" "예수를 본 사람 있나요?" "그 아이를 마지막으로 본 게 언제였나요?" 예루살렘으로 돌아가는 데 꼬박 하루가 걸렸다. 마리아는 목이 메고 어머니로서 마음에 고통을 느끼며 그 길을 되돌아갔을 게 틀림없다.

그렇게 예수님을 찾는 데까지 3일이 걸렸다. 3일! 마리아와 요셉은 마침내 성전에서 이스라엘의 내로라하는 성경학자들과 신학을 논하시는 예수님을 발견했다.

그것을 본 마리아는 안심했다. 하지만 그녀 역시 여느 어머니가 자식을 잃어버릴 때 느끼는 것과 똑같이 느꼈다는 것을 그녀의 말에서 알아챌 수 있다. 그녀는 화가 났다. 예수님을 그 자리에서 꾸짖을 만큼 말이다. "아이야 어찌하여 우리에게 이렇게 하였느냐 보라 네 아버지와 내가 근심하여 너를 찾았노라"(눅 2:48).

그녀는 진짜 어머니처럼 말했다. "네 아버지와 내가"부터 "어찌하여 우리에게 이렇게 하였느냐?"에 이르기까지 말씨를 비롯한 모든 것이 친숙하다. 마리아는 자신의 감정에 호소함으로써 예수님의 행동이 그녀의 영혼을 괴롭게 했다는 걸 매우 분명히 밝혔다.

사실 예수님은 그분이 계셔야 할 곳에 계셨다. 하지만 아들의 말은 또 다른 비수가 되어 마리아의 심장을 뚫었다. "어찌하여 나를 찾으셨나이까 내가 내 아버지 집에 있어야 될 줄을 알지 못하셨나이까"(눅 2:49).

아마도 상황은 거기서부터 잘못되었을 것이다. 예수님은 가업을 떠나 순회 설교자가 되셨다.

이 일이 쉽다고 생각하는 사람은 자녀가 안정된 직장을 그만두고 프리랜서로 일하는 것을 보지 못한 사람일 것이다. 예수님이 새로운 직업을 가진 후 처음 하신 일은 이웃을 멀리하신 것이었고, 그 이웃들은 예수님을 동네 밖으로 쫓아냈다(눅 4:28-30). 이것 역시 사람들이 나사렛 우물가에 모여서 동네의 소문과 험담을 떠들 때 그들의 입에 오르내렸을 이야기다.

그 후 마리아가 예수님이 사역을 시작하시도록 도우려 했던 때가 있었다. 그들은 가나의 혼인 잔치에 참석했고, 혼주의 포도주가 떨어졌다. 그것을 본 마리아는 아들이 뭔가 해주기 바랐다. 어머니들은 그렇다. 언제나 자녀가 해야 할 일을 '제안'한다. 하지만 예수님은 마리아에게 "여자여 나와 무슨 상관이 있나이까 내 때가 아직 이르지 아니하였나이다"(요 2:4)라고 말씀하셨다.

마리아와 그녀의 다른 아들들이 예수님이 이웃마을에서 가르치고 계시다는 소식을 들었을 때는 어떠했는가?

사실 그들은 예수님을 걱정했다. 어떤 사람들은 예수님이 메시아라고 생각했지만, 어떤 이들은 예수님이 미쳤다고 생각했고, 또 어떤 자들은 예수님을 죽이려 했다.

그날도 큰 무리가 모여서 예수님의 설교를 들었다. 마리아는 예수님과 얘기하고 싶었을 것이다. 잘 지내는지 걱정이 되어서 말이다.

그러나 마리아는 예수님께 가까이 갈 수 없었다. 누군가 예수님의 옷자락을 당겨 어머니가 기다리고 있다고 알려주있지만 예수님은 나음과 같이 말씀하심으로써 그녀의 심장에 또 다른 비수를 꽂으셨다. "누가 내 어머니이며 내 동생들이냐"(마 12:48). 그리고 제자들을 가리키며 말씀하셨다. "나의 어머니와 나의 동생들을 보라"(마 12:49).

하지만 이 모든 칼날은 갈보리에서 마리아의 심장을 찌른 날 넓은 칼에 비하면 식탁용 나이프에 불과했다. 그곳에서 사랑하는 아들, 죄 없는 아들이 십자가형을 당했다!

그때 마리아는 십자가 곁에 서 있었다(요 19:25). 생각해보라. 그녀는 자기 아들이 고문당하다 죽는 것을 지켜봤다. 그 순간에 이르기까지 그녀는 자기의 놀라운 아들이 그의 기이한 능력을 동원해서 십자가를 피해 갈 길을 찾아내리라고 기대했을지 모른다.

하지만 그녀는 아들이 벌거벗겨지고 군인들이 그의 옷을 제비뽑는 모습을 지켜보아야 했다. 아들을 나무에 못 박고 높이 들어 죽게 할 때도 그 자리에 있었다. 그녀는 피를 보았고, 조롱하는 소리를 들었고, 하나님의 진노의 차가운 그림자를 느꼈다. 창이 그의 옆구리를 찌를 때, 그녀는 자기 영혼 깊숙이 들어오는 날카로운 창끝을 느낄 만큼 가까운 곳에 있었다.

"말씀대로 내게 이루어지이다"

예수님의 어머니 마리아보다 더 깊이 고통당한 어머니가 있을까? 그녀의 인생 스토리는 하나님의 "은혜"를 받은 자에게 예상되는 본보기와는 잘 어울리지 않는다.

토머스 워튼 장로의 시가 십자가에서 아들을 잃는 마리아의 극심한 고통을 잘 잡아낸다.

> 보라, 저 아래 마리아가
> 가엾도록 타당한 눈물을 흘리며 울고 서 있다.
> 그리스도가 달리신 곳에서 가슴을 친다.
> 길게 흐트러진 머리카락을 쥐어뜯는다.
> "나의 침통한 머리를 어디에 둘 수 있을까?
> 나의 아들, 나의 왕, 나의 하나님이 죽으셨다!"[1)]

마리아는 이 모든 슬픔을 어떻게 견뎠을까? 그리고 그녀의 모범으로부터 우리에게 고난이 찾아올 때 어떻게 행동할지에 관하여 무엇을 배울 수 있을까?

이 질문에 답하기 위한 최선은 하나님께서 마리아에게 하나님의 독생자를 낳으라고 요구하실 때 마리아가 보였던 반응으로 돌아가는 것이다. 처음에 마리아는 천사의 방문을 괴로워했다. 그리고 어떻게 처녀가 아기를 낳을 수 있는지에 대해 선하고 정직한 질문을 던졌다.

하지만 천사가 성령께서 그녀를 덮을 것이라고 말해주었을 때, 그리고 하나님께는 불가능한 것이 없다는 사실을 상기시켜 주었을 때, 그녀는 전적으로 순복했다. 순종하는 마리아의 다음과 같은 선포는 하나님의 뜻에 순복하는 것에 대한 좋은 모델이 된다. "주의 여종이오니 말씀대로 내게 이루어지이다"(눅 1:38).

환난이 찾아왔을 때 마리아가 할 수 있는 다른 일들이 있었다. 이를테면 그녀는 순종을 거부할 수 있었다. 쉬운 일에 사용해달라고, 어려운 일은 싫다고 하나님께 요구할 수 있었다. 연약함이나 두려움 때문에 "주여, 다른 사람을 보내소서!"라고 말할 수도 있었다.

마리아가 할 수 있던 일 중에는 협상도 있었다. 그녀는 하나님께서 그녀에게 요구하시는 것이 정확히 무엇인지 더 상세히 알려달라고 압박할 수 있었다. 그리고 하나님께서 그녀를 위해 하실 일을 재확인해 달라고 요구할 수도 있었다. 아니면 "주님, 생각해볼게요. 그런데 하나님께서 먼저 제 약혼자와 얘기해보시는 건 어떠세요?"라고 말할 수도 있었다. 아니면 한 가지 조건, 즉 감당할 만한 것 이상을 주지 않으시겠다는 조건에서만 순종하겠다고 말할 수도 있었다.

훗날 온갖 환난이 찾아오기 시작했을 때, 마리아는 하나님의 선하심을 의심할 수 있었다. 헤롯이 아기들을 죽일 때 애굽으로 도피하면서 자기 백성을 보호하지 못하신 하나님을 비난할 수도 있었다.

하지만 멀고도 절망적인 그 여행길은 시작에 불과했다. 예수님이 십자가에 이르시기까지, 마리아는 전능자에 대한 긴 불평거리를 적을 수 있었다. 사랑하는 아들이 십자가에서 죽는, 영혼을 찌르는 경험으로 그

불평을 마칠 수도 있었다. 그 여행길의 어느 순간에서든, 그녀는 하나님께 더 이상 못하겠다고, 당신의 계획은 너무 큰 고통이라고 말할 수도 있었다.

당신도 그렇게 느꼈던 적이 있는가? 벗어나고 싶었던 적, 삶이 당신을 너무 자주 너무 심하게 가라앉힌 나머지 더 이상 하나님을 따르고 싶지 않았던 적이 있는가?

마리아는 끊임없이 그런 유혹을 받았지만 결코 굴복하지 않았다. 오히려 그녀는 하나님께 전적으로 헌신했다. 고통스런 걸음을 하나씩 내딛으면서 자기에게 주어진 몫의 고난을 따랐다.

어떻게 그럴 수 있었을까? 비밀이 무엇일까? 환난이 찾아올 때, 끝없는 환난 속에서 그녀는 어떻게 견뎠을까?

부분적으로는 고난이 찾아오기 전에 마리아가 결심한 내용에 그 답이 있다. 하나님께서 그녀에게 원하시는 바를 이해하자마자 마리아는 이렇게 말했다. "주의 여종이오니 말씀대로 내게 이루어지이다"(눅 1:38).

마리아는 믿음의 여인으로서 자기의 몸과 영혼을 살아계신 하나님께 순복시켰다. 세세한 것까지 전부 알아야겠다고 우기지도 않았고 더 나은 조건을 위해 협상하지도 않았다. 하나님을 섬김에 있어서 그 어떤 조건도 (하지 않을 일이나 가지 않을 장소 등) 내걸지 않았다. 하나님의 말씀이 그녀에겐 지휘관의 명령이었고, 그녀는 단순히 "주여, 당신의 뜻대로 하옵소서."라고 말했다.

이처럼 마리아에게는 하나님의 말씀에 순종하는 것이 자연스러웠다. 하나님 말씀에 대한 묵상이 그녀의 삶을 깊이 파고들며 그녀를 형성해

왔기 때문이다. 유명한 마리아의 찬가(마그니피캇)가 시편에서 온 한 절한 절로 구성되어 있는 것에서도 그것을 알 수 있다(눅 1:46-55 참고). 마리아는 시편을 알았을 뿐 아니라 하나님의 성품과 약속에 대한 굳은 확신으로 인도하는 시편의 심오한 내적 논리를 자기 마음에 새겼다. 그래서 자기 인생을 하나님께 드려야 할 때가 왔을 때, 그녀는 하나도 남김없이 전 생애를 드렸다.

동정녀의 출산에 "예."라고 답한다는 것은 베들레헴 마구간에 대해서도, 애굽으로 도피하는 것에 대해서도, 예루살렘에서 예수님을 잃어버리는 것에 대해서도, 사람들이 자기 아들을 싫어하고 미쳤다고 생각하는 것에 대해서도, 심지어 십자가와 장례와 무덤에 대해서도 "예." 하는 것을 의미했다. 그렇게 의심, 낙심, 낙담, 환멸이 찾아올 때마다 마리아는 하나님의 목적을 전적으로 신뢰하며 내렸던 헌신으로 되돌아갈 수 있었다. "주의 여종이오니 말씀대로 내게 이루어지이다."

하나님은 당신에게도 신실하시다

당신은 어떤 헌신을 하였는가? 당신도 마리아 같은 주님의 종인가? 어떤 고난 속에서도 예수 그리스도의 나라의 목적을 위해 당신의 몸과 영혼을 드렸는가?

포기하지 말라. 굴복하지도 말라. 하나님의 계획과 목적에 계속해서 당신의 인생을 드리라. 하나님은 마리아에게 신실하셨던 것처럼 당신에게도 신실하실 것이다.

도로시 L. 세이어즈는 『왕으로 난 자』(The Man Born to Be King)라는 극본(제2차 세계대전 중 영국 BBC에서 제작 방송한 라디오 드라마-역주)에 아기 예수님께 경배하러 왔던 동방박사 한 사람과 마리아의 대화를 상상해 놓았다. 지혜로운 박사는 고통의 무게에 짓눌렸고 인생의 고난 가운데 하나님이 어디 계시는지 의심하며 이렇게 말했다.

비탄에 잠긴 사람들(무식하고 가난한 자들)을 대신해서 말합니다. 우리는 노동하기 위해 일어나고 잠자기 위해 눕습니다. 밤은 그저 이쪽 짐에서 저쪽 짐으로 옮겨가는 잠깐의 휴식일 뿐이지요. 두려움은 매일의 동반자입니다. 궁핍에 대한 두려움, 전쟁에 대한 두려움, 잔인한 죽음에 대한 두려움, 그리고 훨씬 더 잔인한 삶에 대한 두려움이 있지요. 하지만 우리의 고난이 헛되지 않음을 안다면, 하나님께서 고군분투하는 우리 곁에서 세상의 비참함을 공유하신다는 걸 안다면 우리는 이 모두를 참을 수 있을 겁니다. 세상을 괴롭히는 수수께끼는 "약속된 하나님의 나라가 올 때 슬픔과 사랑이 결국 화해할 것인가?"이니까요.

이 질문에 세이어즈가 마리아를 통해 들려준 대답은 복음서에 기록된 것처럼 하나님의 은혜에 대한 마리아의 경험을 그대로 옮겨놓은 것과 같다.

정말 어려운 질문이네요. 하지만 저의 경우는 이렇습니다. 천사의 메시지가 제게 전해졌을 때, 주님은 제 마음에 찬송을 주셨습니다. 문득 저는 부와 지혜가 하나님께는 아무것도 아님을 깨닫게 되었습니다. 그리고 하나님의 친구가 될 수 없을 만큼 하찮은 사람은 아무도 없다고 생각하게 되었습니다. 그런 생각이 든 건 저에게 일어났던 일 때문이죠. 저는 매우 미천하게 태어났지만 하나님의 능력이 제게 임하셨어요. 저는 아주 어리석고 무식하지만 그분의 말씀이 제게 주어졌죠. 그 후 아기가 태어나 제 삶을 사랑으로 가득 채웠을 때, 저는 깊은 고통에 빠졌습니다. 그래서 저는 매우 잘 안답니다. 지혜와 능력과 슬픔은 사랑과 더불어 살 수 있다는 것을요. 저에게는 제 품에 있던 아기가 모든 수수께끼에 대한 답입니다.[2]

마리아가 직면했던 모든 고난 속에서 하나님은 마리아와 함께 계시며 도우셨다.

천사가 건넨 인사로 환난에 빠졌을 때, 하나님은 위로의 말을 전하셨다. "두려워하지 말라. … 하나님께서는 능치 못할 일이 없다." 헤롯이 군사들을 보내 피비린내 나는 일을 자행했을 때, 하나님은 마리아의 아기를 보호하셨다. 그분은 애굽으로 떠나는 모자(母子)와 함께 계셨고 다시 안전하게 나사렛으로 데려오셨다. 마리아가 예수님을 잃어버렸다고 생각했을 때, 하나님은 그분을 성전에서 안전하게 지키셨다. 예수님이 십자가에서 죽으실 때도 하나님은 사랑하는 제자 사도 요한에게 마리아를 맡기심으로써 마리아가 잘 보살핌 받을 것을 확실히 하셨다(요 19:26-27).

3일 후, 예수님은 죽은 자들 가운데서 부활하셨고 그로써 마리아의 환난은 끝났다.

할렐루야!

우리가 마지막으로 마리아를 엿볼 수 있는 건 예수님이 승천하시고 제자들이 다락방에 기도하러 모였을 때다. 마리아는 그들과 함께 거기 있었다(행 1:13-14). 자기의 전 생애를 드려 섬겼던 하나님께, 모든 환난을 지나는 동안 자기와 함께 계셨던 하나님께 경배했다.

성령께서는 마리아의 헌신을 우리의 헌신으로 만들라고 모두를 초청하며 말씀하신다. "주님, 저는 당신의 종입니다. 무엇이든 당신의 뜻대로 행하시옵소서. 당신의 말씀대로 제게 이루어지이다."

이런 헌신을 보이는 사람들 대부분이 온갖 고난에 직면한다. 하지만 고난이 찾아올 때, 위험, 추방, 버림받음, 심지어 죽음이 찾아올 때에도 우리는 하나님의 사랑 안에서 안전할 것이다. 그리고 마리아가 했던 것과 똑같이 기쁨에 겨운 찬송을 드릴 수 있을 것이다. "능하신 이가 큰일을 내게 행하셨도다"(눅 1:49 참조).

나눔을 위한 질문

> 마리아는 자기가 자원하지 않은 큰 임무가 떠안겨졌음을 알게 되었다. 자신이 미혼모가 될 것이라는 뉴스는 요즘보다 훨씬 더 심각한 일이었을 것이다. 그녀의 생명을 위협할 만큼 말이다. 하지만 그녀는 하나님의 소명에 순복했고, 아직은 자기에게 없는 재능과 용기를 요구하는 그 임무를 기꺼이 받아들였다. 바로 그것이 하나님께서 우리에게 요구하시는 전부다. 즉 우리가 "말씀대로 내게 이루어지이다"라는 말로 그분께 대답하고, 하나님께서 우리 앞에 놓으신 임무를 위해 우리를 준비시키실 것이라고 신뢰하는 것이다.

1. 크리스마스 이야기 중에서 당신이 좋아하는 부분(해가 거듭될수록 특별하고 귀하게 느껴지는 장면)은 무엇입니까?

2. 우리는 마리아를 복 받은 사람이라 생각하고, 실제로 그렇습니다. 하지만 예수님의 어머니로서 그녀는 깊은 고뇌를 겪었습니다. 모든 어머니들처럼 마리아가 직면했던 고난은 무엇이었습니까? 구주의 어머니라는 부르심 때문에 겪었던 특별한 고통은 무엇이었습니까?

3. 누가복음 1장 26-38절을 읽어봅시다. 이 본문에서 마리아가 표현한 감정은 무엇입니까?

4. 하나님께서 (천사를 통해) 마리아에게 하신 약속은 무엇입니까?

5. 누가복음 1장 46-55절에 기록된 마리아의 찬송시를 읽어봅시다. 마리아는 하나님의 어떤 성품을 찬양합니까?

6. 마리아의 시편이 당신의 찬송과 비슷한 점은 무엇입니까? 그리고 어떤 점에서 다릅니까? 이 본문에서 당신의 경건생활에 영향을 미칠 수 있는 교훈은 무엇입니까?

7. 하나님께서 마리아의 인생을 송두리째 뒤바꾸는 계획을 선포하셨을 때, 마리아가 하나님께 순종할 수 있었던 요인은 무엇이었습니까? 당신이라면 동일한 나이와 상황에서 어떻게 반응할 것 같습니까? 하나님께서 당신에게 어려운 일을 요구하실 때조차 믿음으로 반응할 수 있는 성숙함으로 가기 위해 당신이 할 수 있는 일은 무엇입니까?

8. 하나님께서 당신에게 완수하라고 요구하시는 도전과제가 있습니까? 혹은 취하라고 요구하시는 믿음의 단계가 있습니까? 그 일에 마리아처럼 기꺼이 순종하며 기쁘게 반응할 수 있습니까?

극한 고통 앞에서 피땀을 흘리며 기도하셨던 예수님

"지금 내 마음이 괴로우니"
(요 12:20-33)

최후의 만찬이 있기 4-5일 전이었다. 우리 구주의 승리에 찬 예루살렘 입성이 있던 바로 그날이었다. 예수님(다름 아닌 예수님이시다)께 고난이 찾아왔다. 진짜 고난이었다.

우리가 이 사실을 아는 이유는 단순히 예수님의 사역에서 가장 중요했던 일주일 동안에 일어난 일들 외에도 그분이 직접 공개적으로 안드레와 빌립에게, 어쩌면 다른 제자들에게도 말씀하셨기 때문이다. "지금 내 마음이 괴로우니"(요 12:27).

무엇과도 견줄 수 없는 고통

이전에도 예수님께서 마음이 괴롭다고 말씀하실 수 있었던 시간이 참 많았다. 그런데 그 모든 시간들 중 왜 하필 딱 이 순간에 그렇게 말씀하셨을까?

요한은 12장을 "유월절 엿새 전에"라는 말로 시작한다. 예수님은 친구인 마리아와 마르다, 그리고 그들의 오라비 나사로와 함께 예루살렘에서 멀지 않은 베다니에 머물고 계셨다.

이튿날 예수님은 나귀를 타고 거룩한 성에 들어가셨다.

큰 무리가 그분을 메시아로 환영했다. 그들은 예수님이 나사로를 죽은 자 가운데서 살리셨다는 소식을 들은 자들이었고(요 12:17-18 참고), "호

산나!"를 외쳤다. "찬송하리로다 주의 이름으로 오시는 이 곧 이스라엘의 왕이시여"(요 12:13). 하지만 이것을 본 바리새인들은 심기가 뒤틀려 말했다. "보라 온 세상이 그를 따르는도다"(요 12:19).

사실이었다. 모두가 예수님을 따르기 원했다. 거기에는 메시아를 직접 만나고 싶어 하던 이방인들도 포함되어 있었다. 아마도 그들은 조금 수줍었나보다. 예수님께 직접 말하지 못하고 제자들에게 접근하여 그들처럼 헬라어를 할 수 있던 갈릴리 출신의 제자 빌립에게 말했다. "선생이여 우리가 예수를 뵈옵고자 하나이다"(요 12:21).

실로 감격적인 날이었다. 사람들이 예수님을 보고 따르고 경배하기 원했다. 그럼에도 불구하고 구주께서는 자신이 고난에 빠진 것을 아셨다. "내 마음이 괴로우니." 여기서 또다시 질문이 생긴다. 왜 그 순간 이 말씀을 하셨을까?

예수님은 자기 생애의 많은 순간에 이 말씀을 하실 수 있었을 것이다. 그랬어도 완벽히 들어맞는다. 앞에서 그의 어머니 마리아와 그녀의 온갖 고난을 살펴보았듯이, 예수님은 태어나시기 전에도 환난 중에 계셨다. 예수님은 동정녀에게 나셨고, 이는 곧 그분의 출생에 대해 늘 소문(그분의 적법성에 대한 비난)이 따라다닌다는 의미였다. 예수님이 태어나실 때에도 그분이 눕혀질 공간조차 없었다. 남은 것은 오로지 마구간의 구유뿐이었다.

뿐만 아니라 아기는 태어나자마자 위험에 처했다. 헤롯왕이 아기인 그분을 당장 잡아 죽이라는 명령을 내렸기 때문에 애굽으로 피신하셔야 했다. 이후 그분의 가족은 이스라엘로 돌아왔고 나사렛이란 동네에서 조용히 살았다. 어느 모로 보아도 예수님은 행복한 어린 시절을 보내셨지만 공적 사역을 시작하시자마자 다시 환난이 찾아왔다.

그분은 40주야를 금식하신 광야에서 환난에 처하셨다. 거기서 사탄의 직접적인 공격을 받으셨고, 사탄은 예수님으로 하여금 개인적 유익을 위해 그분의 능력을 사용하라고, 고난 없이 그분의 나라를 구하라고 유혹했다(마 4:1-11).

이 치명적인 유혹에 저항하신 후, 예수님은 나사렛으로 돌아와 이사야가 전한 복음(가난한 자를 자유롭게 하는 좋은 소식)을 설교하기 시작하셨다(눅 4:18). 이웃들은 예수님의 말씀을 사랑했다. 그러나 하나님이 이방인들에게도 은혜를 베푸셨다는 말씀을 전할 때까지였다. 이 말씀을 듣자마자 그들은 예수님을 신성모독 죄로 죽이려 했다(눅 4:28-30).

예수님이 더 많은 이적을 행할수록 그분은 더욱 인기를 얻었고, 종교 지도자들은 그분의 흠을 잡으려 애썼다. 어떤 이들은 이단이라 불렀고, 어떤 이들은 미친놈이라 불렀다. 그렇게 그분을 비난할 뿐 아니라 심지어 음모를 꾸며 죽일 방도를 찾기 시작했다.

예수님께서 직면하신 고난은 그것만이 아니었다. 목자 없는 양같이 고생하며 기진한 사람들을 위해 그분이 짊어지셔야 할 짐을 생각해보라(마 9:36). 예루살렘을 두고 부르신 애가를 생각해보라. 그분은 그 성을 사랑의 보호 아래 모으기 바라셨다(마 23:37-39). 나사로의 무덤에서 느끼셨을 강렬한 감정을 생각해보라. 거기서 예수님은 친구들의 아픔과 상실감에 눈물 흘리셨고 사망이 타락한 인류에게 가져온 참화를 비통히 여기셨다(요 11:35, 38). 또한 예루살렘으로 승리의 입성을 하실 때 흘리신 눈물을 생각해보라. 무리가 환호하는 동안 예수님은 자기 백성이 자신을 거절할 것과 결국에는 거룩한 성이 파괴될 것을 아시고 공개적으로 눈물을 흘리셨다(눅 19:41-44).

생애 마지막 일주일에 이르시기까지, 예수님은 많은 고난을 겪으셨다. 그분은 집 없는 자요 버림받은 자였다. "간고를 많이 겪었으며 질고를 아는 자"였다(사 53:3). 예수님은 거의 모든 고난을 겪으신 것 같다. 하지만 복음서가 기록한 이 순간은 그분이 자기 마음의 창문을 여시고 "지금 내 마음이 괴로우니"라고 말씀하신 때였다.

이유는 매우 단순하다. 예수님이 그때까지 직면하셨던 시험들 중에는 십자가의 두려움에 견줄 만한 것이 없었다. 마음이 괴롭다고 말씀하시기 직전에 예수님은 이렇게 말씀하셨다. "내가 진실로 진실로 너희에게 이르노니 한 알의 밀이 땅에 떨어져 죽지 아니하면 한 알 그대로 있고 죽으면 많은 열매를 맺느니라 자기의 생명을 사랑하는 자는 잃어버릴 것이요 이 세상에서 자기의 생명을 미워하는 자는 영생하도록 보전하리라"(요 12:24-25).

예수님은 자기의 죽음과 장례와 부활을 생각하고 계셨다. 그분이 바로 영생하도록 보전할 열매를 가지고 부활하시기 전에 땅에 떨어져 죽어야 하는 한 알의 밀이셨다.

또한 예수님은 자기 앞에 무엇이 놓여 있는지 보실 수 있었다. 자신이 아무도 겪을 수 없는 큰 고난에 가까워짐을 아셨다. 확신컨대 예수님은 자기에 대해서만 생각하신 게 아니라 제자들과 그들이 통과해야 할 고난도 생각하셨을 것이다. 하지만 자기 영혼이 깊은 환난에 빠졌음을 충분히 인정하실 만큼 자신의 상황에 대해 생각하셨다.

시편 기자는 자신의 가장 어두운 날에 관해 이렇게 말했다. "무릇 나의 영혼에는 재난이 가득하며 나의 생명은 스올에 가까웠사오니"(시 88:3. 6:3, 22:11 참고). 예수님도 이와 동일한 감정을 느끼시면서 "내 마음이 괴롭다"고 말씀하셨다.

예수님이 당신을 가장 잘 이해하신다

이와 같이 괴로운 마음을 말씀하시자마자, 예수님은 우리가 이 책을 통해 줄곧 물어온 질문을 스스로에게 던지셨다. 큰 소리로 말씀하셨기에 제자들도 들을 수 있었다. "무슨 말을 하리요"(요 12:27). 쉽게 말하면 다음과 같은 뜻이다. "이런 고난이 찾아올 때 어떻게 행동해야 하는가?"

이 질문에 이어 예수님은 그것과 밀접하게 연관된 두 번째 질문을 던지셨다. 즉 "아버지여 나를 구원하여 이때를 면하게 하여 주옵소서"(요 12:27)라고 기도해야 할지 의아해하셨다. 예수님께는 이것이 수사학적 질문이었지만, 대부분의 사람들에게는 질문이 아니라 요구 이상이다. "아버지여, 당장 나를 구원하소서!"

대부분의 사람들은 어떤 대가를 지불하고라도 고난을 피하려 노력한다. 그리고 고난이 찾아올 때 가능한 한 빨리 그것에서 벗어나려 애쓴다. 이것이 바로 어떤 사람들이 자기에겐 어떤 고난도 없다고 말하거나 그 고난이 진짜 끝나지도 않았는데 끝난 척하는 이유다. 고난에 빠지는 것을 좋아하는 사람은 아무도 없다. 때문에 고난이 찾아올 때 우리가 만나는 첫 번째 본능은 고난에서 벗어나게 해달라고 하나님께 구하는 것이다. 당연히 거기에는 아무 문제가 없다. 하나님께는 우리를 고난에서 벗어나게 하시는 것 이상의 중요한 목적이 있다는 것을 인식하고 있다면 말이다.

예수님도 고난이 다가오는 것을 보시고 본능적으로 피할 길이 있는지 생각하셨다. 그리고 이에 대한 생각을 멈추지 않으셨다. 그 생각은 예수님의 생애 마지막 일주일 동안 몇 차례 거듭됐다. '어쩌면 다른 길이 있을 수 있어. 십자가에서 벗어나고 무덤을 피해갈 길이 있을 수 있어.'

예수님이 배반당하시던 그 밤에도 이런 생각이 찾아왔다. 그날 밤 제자들과 함께 저녁(최후의 만찬)을 잡수실 때, 예수님은 "심령이 괴로우셨다"(요 13:21 참조). 이와 유사하게 마가는 예수님이 그날 밤 기도하러 가셨을 때 "심히 놀라시며 슬퍼하셨다"고 말해준다(막 14:33 참조). 결국 예수님은 몇몇 제자들에게 이 심정을 인정하시고 말씀하셨다. "내 마음이 심히 고민하여 죽게 되었으니"(막 14:34). 피땀을 흘리고 하늘에 부르짖으면서 고통스럽게 기도하실 때, 예수님은 자기 백성을 구원할 다른 방도가 없는지 생각하셨다. 그리고 성부 하나님께 기도했다. "아버지여 만일 아버지의 뜻이거든 이 잔을 내게서 옮기시옵소서"(눅 22:42).

예수님이 환난(객관적인 환난)에 빠지셨다는 것을 이해하라. 이 말은 곧 예수님이 환난에 빠진다는 것의 의미를 이해(실제적인 이해)하신다는 뜻이다. 이 환난은 그릇된 행동의 결과로 빠지게 되는 환난이 아니라 옳은 일을 하고도 필사적으로 피할 길을 찾을 때 찾아오는 환난이다.

당신도 그런 환난에 빠진 적이 있는가? 마치 온 세상이 산산이 부서지는 것처럼 느껴본 적이 있는가? 당장 끔찍한 일이 일어날 것 같은데 그것을 막을 힘이 없다고 느껴본 적이 있는가? 탈출구가 없다고, 돌아갈 곳이 없다고 느껴본 적이 있는가?

예수님도 그것을 경험하셨다. 종종 괴로운 마음을 품으셨다. 만약 우리가 성육신의 의미(예수님이 온전한 하나님이시자 온전한 인간이시라는 사실)를 제대로 이해한다면, 예수님께서 고난에 빠지시는 것이 우리가 고난에 빠지는 것보다 결코 쉽지 않다는 것을 알게 된다. 사실 성경은 "그는 육체에 계실 때에⋯ 심한 통곡과 눈물로 간구와 소원을 올렸다"고 말한다(히 5:7 참조). 또한 우리 구주를 "모든 일에 우리와 똑같이 시험을 받으신 이"로 묘사한다(히 4:15). 이 시험에는 고난으로부터 도망치고 싶은 본능적인 유혹까지도 포함된다.

이 말은 곧 우리가 우리의 고난을 가지고 예수님께 나아갈 때 그것을 이해하지 못하는 분께 가는 것이 아니라 정녕 이해하시는 분께 간다는 뜻이다.

예수님은 우리를 동정하는 것 이상을 하실 수 있다. 그분은 우리를 공감하실 수 있고, 그 공감능력 때문에 고난이 찾아올 때 어떻게 행동해야 할지를 그 누구보다 잘 보여주실 수 있다. 성경은 말한다. "그가 시험을 받아 고난을 당하셨은즉 시험받는 자들을 능히 도우실 수 있느니라"(히 2:18).

리치 멀린즈는 자기 노래 '가까이하기 어려워'(Hard to Get)에서 자신이

답하고 싶었던 질문(우리도 마찬가지다)을 몇 개 던졌다. 그는 하나님이 "정말로 가까이하기 어렵고" 고통에 빠진 세상에서 멀찍이 계심을 발견한다. 그래서 하나님께 여쭌다. "고독을 아시나요? 궁핍을 아시나요? 밤이 얼마나 긴 지 기억하시나요?"

그 대답은 예수님이 이것을 아시고 다른 많은 고난도 아신다는 것이다. 멀린즈는 심령 깊숙이 이것을 알고 다음과 같이 노래한다.

> 당신이 우리의 슬픔을 당하셨다는 걸 알아요.
> 우리의 고통을 겪으셨다는 걸 알아요.
> 그 아픔이 결코 적지 않다는 걸 알아요.
> 만약 그것이 밝혀질 수 있다면 말이에요.
> 나는 그저 나를 가장 사랑하는 분께 달려갈 뿐이에요.[1]

우리를 가장 사랑하시는 구주는 우리를 가장 잘 이해하신다. 그 이유 중 하나는 그분이 고난 중에 계셨기 때문이다. 다음은 예수님께서 우리에게 품으신 공감에 관한 데이비드 폴리슨의 설명이다.

> 예수님은 모든 것에 초월하신 분이 아니었다. 그분은 우리의 비통한 곤경으로 들어오셨다. 비통함을 잘 아는 슬픔의 사람이 고생스런 곳에 들어오고 고통 아래 오신다. 예수님은 결코 악에 대한 경험을 건너뛰지 않으셨다. 도망치지도 않으셨다. 이러한 사실은 그분의 사랑, 용기, 목적성을 구체적으로 보여준다. 예수님의 친구들은 "내 손과 발을 보라"는 초청과 함

께 그분을 알아봤다(눅 24:39-41 참조). 그들은 못 자국을 보았다. … 어둠의 덫에 걸리셨을 때도 예수님은 어둠을 폭발하지 않으셨다. 그분은 고통에 제한받지 않으셨지만, 고통이 무엇인지를 잊지 않으신다. 악을 악으로 갚지 않으실 뿐 아니라 그들에게 자비로우시다. 그분은 진정으로 우리를 이해하신다.[21]

자발적인 희생

그렇다면 예수님은 고난에 빠지셨을 때 어떻게 행동하셨을까? 자신의 수사학적 질문에 어떻게 대답하셨을까?

예수님은 고난에서 벗어나려 애쓰지 않으시고 십자가의 부르심을 받아들이셨다. 그리고 이렇게 말씀하셨다. "지금 내 마음이 괴로우니 무슨 말을 하리요 아버지여 나를 구원하여 이때를 면하게 하여 주옵소서 그러나 내가 이를 위하여 이때에 왔나이다"(요 12:27).

이와 같이 예수님은 자신의 수사학적 질문에 비범한 거절로 대답하셨다. 피투성이 십자가라는 어둠의 시간으로부터 구원받기를 구하지 않으셨다. 오히려 구원이 요구하는 것은 무엇이든 하겠다는 부동의 결단을 선포하셨다. 자기 백성을 그들의 죄에서 구원하는 것, 그것이야말로 구주께서 세상에 오신 이유였다. 그래서 도망치라는 유혹을 받았을 때, 그분은 도망치지 않고 오히려 갈보리와 십자가형을 향해 나아가셨다. 이것은 예수님이 이제까지 직면하셨던 고난이 무엇이든 시작에 불과했음을 의미했다.

때로는 우리 인생도 그렇다. 우리를 향한 하나님의 부르심대로 행하다 보면 인생에서 고난을 더 많이 당한다. 더 많이 섬기면 섬길수록 더 많이 희생해야 한다.

예수님께도 마찬가지였다. 그분께 고난이 오고 또 왔다. 마음이 괴롭다고 말씀하신지 불과 며칠 후에 예수님은 한밤중의 입맞춤으로 배신당하셨다. 그분은 부당하게 체포되셨고 거짓으로 고소당하셨다. 그 기나긴 고통의 밤이 지나는 동안, 예수님은 이 재판에서 저 재판으로 끌려다니셨다. 형식적인 전시용 재판(종교재판과 정치재판)에서 짓지도 않으신 죄로 유죄판결을 받으셨다. 그리고 고통스런 죽음을 맞이하시기까지 잔인하게 맞고 고문당하셨다.

그분의 정체성과 사명으로 인해 예수님은 언제나 비웃음을 당하셨다. 모든 선지자 중 가장 진실하신 분이 선지자라는 이유로 조롱당하셨다. 예수님을 괴롭혔던 유대인들은 예수님이 로마인들에게 넘겨지시기 전에 뺨을 때리며 이렇게 말했다. "그리스도야 우리에게 선지자 노릇을 하라 너를 친 자가 누구냐"(마 26:68).

사람들은 그분의 왕 되심도 희롱했다. 로마 군인들은 예수님을 죽음으로 몰아가면서 홍포와 가시관과 갈대 홀(笏)로 그분의 왕 되심을 비웃었다. 그들은 거짓 존경을 표하며 예수님 앞에 무릎 꿇고 말했다. "유대인의 왕이여 평안할지어다"(마 27:28-29).

같은 날 예수님이 영원한 속죄를 위해 자기 생명을 드리실 때, 사람들은 그분의 제사장직을 비웃었다. "저가 남을 구원하였으니 만일 하나님이 택하신 자 그리스도이면 자신도 구원할지어다"(눅 23:35).

하지만 그들이 이 말을 할 때에도, 예수님은 기도와 제사라는 제사장직을 수행하고 계셨다. 그 대제사장은 원수들에 대한 용서를 중보하고 계셨고(눅 23:34), 그분의 몸과 피를 그들의 죄를 위한 희생제사로 드리고 계셨다. 그럼에도 불구하고 그들은 예수님을 조롱했다.

죽음에 이르기까지 고통당하셨던 예수 그리스도보다 더 많은 고난을 겪은 사람이 있을까?

이 시련을 더욱 놀랍게 만드는 것은 그분이 완벽한 하나님의 아들이며, 결코 고난을 겪을 분이 아니라는 사실이다. 즉 그분 자신의 자유의지로 이 타락한 세상에 들어오시는 것을 선택하지 않으셨다면, 그분은 결코 고통당하지 않으셨을 것이다.

오늘날 우리가 세상에서 목격하는 추악한 악의 대부분을 예수님이 겪으셨다는 사실을 생각하라. 불법적인 투옥, 민족주의적인 비방, 인종주의에서 비롯된 폭력, 정당한 이유 없이 적대하고 증오하는 것, 조롱, 고문에 의한 사망, 그리고 무자비한 사형집행에서 사람들 앞에 벌거벗겨지신 수치심 등이다.

다시 묻는다. 예수 그리스도보다 더 많은 고난을 겪은 이가 있을까? 그 사람의 고통이 과연 고통에 빠진 세상(인도와 멕시코시티의 빈민굴부터 전쟁으로 파괴된 중동에 이르기까지, 그리고 빈곤에 시달리는 아프리카에서 미국 도심에 이르기까지 도처에 고통이 있다)과 밀접하게 연관되어 있을까?

정의 구현에 관심을 기울이는 그리스도인, 인종 화합을 주장하는 그리스도인, 성적 학대의 피해자들을 돌보는 그리스도인, 혹은 박해당하는 교회의 화형과 교수형에 항의하는 그리스도인이라면 누구나 고통에 마음 쓰시는 구주를 안다. 그분의 심장은 십자가에서 구속의 피를 흘리셨다. 그러므로 예수님께서 세상의 문제에 주신 대답들은 (그것이 무엇이건) 사람이 알 수 있는 가장 극한의 고통을 뚫고 온 것들이다.

예수 그리스도의 이름으로 드리는 영광

그러면 예수님은 왜 그 고통을 겪으셨을까? 무엇이 그분으로 하여금 굴하지 않고 그 모든 일을 해내도록 능력을 부여하셨을까? 무슨 동기가 그분으로 하여금 거룩한 부르심(단지 고난뿐인 부르심)을 수행하게 했을까?

요한은 예수님께서 모든 야망 중 가장 고상한 것에서 동기를 부여받으셨다고 밝힌다. 그것은 바로 하나님의 영광이다. 예수님이 어떻게 기도하셨는지 주목해보라. 그 마음이 괴로우실 때 예수님은 "아버지여 나를 구원하여 이때를 면하게 하여 주옵소서"(요 12:27)라고 말하는 것을 생각하셨다. 하지만 그 생각에 저항하시고 이렇게 말씀하셨다. "아버지여, 아버지의 이름을 영광스럽게 하옵소서"(요 12:28).

그 순간 예수님은 성부 하나님의 계획과 목적에 굴복하고 계셨다. 하늘을 우러러 보시며 "당신의 뜻이 이루어지이다." 말씀하신 것이야말로 고난을 구하는 것이다. 예수님을 향한 성부 하나님의 지혜로운 목적은 고통과 죽음이었기 때문이다.

불과 몇 절 뒤에서 "땅에서 들리리라"(십자가형을 가리킨다 – 역주)고 예언하신 것을 볼 때(요 12:32-33) 예수님도 이것을 아셨다. 예수님께서 기꺼이 십자가형을 견디기 원하셨던 이유는, 그분의 생명이 하나님의 더 크신 영광을 위한 것이었기 때문이다. 그분은 결코 자신의 즐거움을 추구하지 않으셨다. 그분의 주된 사명은 아버지께 영광 돌리는 것이었다.

이와 같이 하나님을 영화롭게 하는 것이 바로 구주께서 하신 일이다. 그 결과 끔찍하고도 놀라운 방법으로 그분의 기도가 응답되었다.

앞에서 약속하신 것처럼(요 12:28) 성부 하나님은 독생자의 고통과 죽음을 통해 자기의 이름을 영광스럽게 하셨다.

예수님은 고난에서 벗어나지 않으셨고 온전히 고난을 겪으셨다. 그분이 겪으신 모든 것이 하나님께 영광을 가져왔다. 십자가조차 하나님의 영광을 위한 것이었다. 이에 대해 존 칼빈은 다음과 같이 썼다. "그리스도께서 사망과 악한 자를 제압하신 형틀만큼 웅장한 법정은 없다. 그토록 위풍당당한 보좌는 없다. 그토록 차별화된 개선식은 없다. 그토록 높이 들린 전차는 없다."[3]

예수님이 십자가에서 겪으신 고통과 빈 무덤을 통해 얻으신 승리의 결과로 우리의 마음이 변화된다. 우리의 죄책이 용서받는다. 우리의 죄가 씻어진다. 우리의 삶은 하나님 나라 안에서 새로운 목적을 갖는다. 우리의 천국 자리는 영원히 보장된다.

이 모두가 하나님께 영광을 가져온다. 예수 그리스도의 이름으로 우리가 드리는 영광이다. 케냐의 '마사이 신조'가 예수 그리스도의 죽음과 부활로 하나님께 영광을 표현하는 방법이 여기 있다. 구주께서 "고문당하시고 그 손과 발을 십자가에 못 박히시고 죽으신 후에 무덤에 장사되셨다. 하이에나가 그를 건드리지 않았고 제3일에 무덤에서 부활하셨다. 그분은 하늘 위로 승천하셨다. 그분이 주님이시다!"[4]

설령 그리스도인들이 하이에나를 뺀 신조를 사용한다 해도, 우리는 동일한 구원에 대해 하나님을 찬양하는 것이다. 이렇게 할 수 있는 이유는 예수님께서 고난에 빠지셨을 때, 그 고난들이 사라지게 해달라고 기도하지 않으셨기 때문이다. 할렐루야! 오히려 예수님은 고난이 하나님의 더 크신 영광을 위한 것이 되게 해달라고 기도하셨다.

환난이 찾아올 때(환난이 세상에, 그리고 당신에게 찾아올 때) 당신은 어떻게 행동할 것인가? 당신은 곧 예수님이 하신 말씀을 그대로 말하고 있는 자신을 발견하게 될 것이다. "지금 내 마음이 괴롭습니다." 문제는 '그 다음에 뭐라고 할 것인가?'다. 하나님께 무엇을 해달라고 구할 것인가?

우리의 구주께서는 우리에게 "아버지여, 이때를 면하게 하여 주옵소서."가 아니라 "아버지여, 당신의 이름을 영광스럽게 하옵소서."라고 말할 것을 가르치신다.

나눔을 위한 질문

우리는 본능적으로 정의를 갈망하게 되어 있다. "공평하지 않아요!"라고 외치는 어린아이의 항변을 생각해보라. 혹은 악당이 마땅한 처벌을 받을 때 느끼는 기쁨을 생각해보라. 하지만 이제까지 들어온 가장 놀라운 뉴스는 바로 부당함의 승리다. 죄 없으시고 거룩하신 신인(神人)이자 창조주이신 예수님이 악하고 반역적인 피조물들을 위해 죽으셨다. 정의란 우리가 우리의 죄 때문에 마땅히 받아야 할 죽음의 처벌(사형)을 받는 것을 의미할 것이다. 또한 예수님이 하늘의 영광에 남아계시는 것이었을 것이다. 하지만 예수님은 육신을 입고 우리를 위해 죽으셨다. 그분의 '죽음에 이르는 슬픔'이 우리를 궁극적인 환난(죄의 치명적인 결과)에서 구하신다.

1. 당신이 받지 않아도 될 고난에 빠진 적이 있습니까? 그것이 무엇이었습니까? 그 상황에서 당신은 어떻게 반응했습니까?

2. 요한복음 12장 27-28절을 읽어봅시다. 예수님이 직면하신 고난은 무엇입니까? 그분의 고통이 당신의 삶과 어떤 연관성이 있습니까?

3. 예수님의 기도의 어떤 면이 무리를 놀라게 했습니까? 그분의 기도가 어떻게 우리 기도의 모범이 됩니까?

4. 예수님의 기도는 애가였습니다. 시편 88편의 애가를 읽어봅시다. 시편 기자가 묘사하는 어떤 환난이 예수님의 환난과 같습니까? 당신은 이와 유사한 시련을 겪어본 적이 있습니까? 만약 있다면, 그 시련에 대해 어떻게 기도했습니까?

5. 시편 88편은 잔인할 만큼 정직한 기도입니다. 이 정도의 정직함이 주는 유익은 무엇입니까? 이렇게 기도하는 것이 적절하지 않은 경우가 있습니까?

6. 시편 88편에서 믿음에 관해 어떤 표현을 발견할 수 있습니까? 요한복음 12장 27-28절에서는 어떻습니까?

7. 히브리서 4장 14-16절을 읽어봅시다. 예수님께서 당신의 싸움을 잘 아신다는 사실이 당신의 현재 삶에 어떤 변화를 가져옵니까? 이 구절이 당신의 기도생활에 어떤 영향을 주고 무엇을 변화시킵니까?

그리스도를 위해 죽음의 위협과 모진 핍박을 견딘 바울

"우리가 사방으로
욱여쌈을 당하여도"
(고후 4:7-18)

예수 그리스도의 죽음과 부활 이후, 로마제국 어딘가로 선교여행이 진행 중일 때다. 바울에게 고난이 찾아왔다. 진짜 고난이었다.

사실 사도 바울이 방문한 거의 모든 도시에서, 그의 모든 선교여행에서 고난을 만났다고 말할 수 있을 것이다. 안디옥에서 로마에 이르기까지 모든 곳에서 고난이 발생했다. 가는 곳마다 그는 복음을 선포하는 것에 대한 박해에 직면했다.

고린도후서 4장에서 사도는 자기의 고난을 넓은 시각으로 바라본다. 한편으로 그는 자신과 동료들이 얼마나 많은 고난에 직면해 있는지에 관해 솔직하다. 선교지에서의 경험을 이야기하면서 욱여쌈을 당하다, 답답한 일을 당하다, 박해를 받다, 거꾸러뜨림을 당하다 등의 표현을 사용한다.

하지만 바울이 이렇게 표현하는 목적은 그들의 외적인 고난과 하나님께서 그들로 하여금 인내하도록 주시는 내적인 힘을 대조하기 위해서다. 그는 "우리가 사방으로 욱여쌈을 당하여도"라고 말하면서도 "싸이지 아니하며"라고 결론짓는다. "답답한 일을 당하여도"라고 말하지만 "낙심하지 아니하며"라고 끝맺는다. "박해를 받아도 버린 바 되지 아니한다." "거꾸러뜨림을 당하여도 망하지 아니한다"(고후 4:8-9 참조). 이와 같이 박해는 사람이 견딜 수 있는 벼랑 끝으로 데려간다. 하지만 그 이상은 아니다.

또한 사도는 이 땅에서의 고난이 지금 당장 어떻게 느껴지는지와 미래의 생에서 어떻게 비쳐질지를 다시 한 번 대조한다. 우리가 현재의 어둠에서 직면하는 고통과 하나님의 영속하시는 영광의 빛에서 영원토록 경험하게 될 희열에는 영원한 차이가 있다.

아무도 원하지 않는 선물

　이러한 대조를 이끌어내면서 바울은 특별한 고난에 관해 이야기한다. 그것은 모든 사람이 직면하는 고난도, 우리가 이미 생각해본 고난도 아니다. 그것은 세상 속의 교회가 흔히 경험하는 고난이다. 그리스도인들이 예수 그리스도를 따른다는 이유로 박해받을 때 오는 고난이다.

　박해받는 것이 어떤 것인지 아는 사람이 있다면, 다름 아닌 사도 바울이었다.

　선교사로서 방문했던 첫 사역지 중에 비시디아 안디옥이 있었다. 두 번째 안식일이 되었을 때 이미 그 성읍의 남녀 지도자들이 "바울 …을 박해하게 하여 그 지역에서 쫓아냈다"(행 13:50 참조). 다음으로 그는 이고니온에 갔다. 그곳에서 머무는 기간은 좀 더 길었지만, 그 성읍의 유대인과 이방인 지도자들 역시 바울에 대한 음모를 꾸몄다(행 14:5). 그래서 루스드라로 도망쳤지만, 무리가 "돌로 바울을 쳐서 죽은 줄로 알고 시외로 끌어 내쳤다"(행 14:19 참조). 그러나 죽을 뻔했을 뿐 죽지는 않았다. 다음 날 제 발로 돌아가서 선교여행을 계속했다.

바울이 박해받은 이야기는 너무 많아서 이 책에 다 적을 수 없을 정도다. 빌립보에서는 매를 많이 맞고 감옥에 갇혔다(행 16:22-23). 고린도에서는 석방되기 전에 거짓 혐의로 고소당했다(행 18:12-17). 에베소에서는 기독교 복음에 대항해서 큰 폭동이 일어났다(행 19:21-41). 예루살렘에 갔을 때는 성전에서 예배드리는 도중에 체포되었다. 일부 시민들은 바울을 매질하여 죽이기 원했고 실제로 그렇게 될 뻔했지만, 로마 군인들이 등장하여 그의 생명을 구해주었다(행 21:27-33).

만약 이런 이야기가 성경에 나오지 않았다면, 바울이 자기가 직면했던 고난에 관해 전하는 놀라운 내용을 믿기 어려웠을 것이다. 그는 누구보다 "옥에 갇히기도 더 많이 하고 매도 수없이 맞고 여러 번 죽을 뻔했다"(고후 11:23 참조).

이것을 증명하기 위해 바울은 자기가 직면했던 역경들을 계속해서 나열했다.

"유대인들에게 사십에서 하나 감한 매를 다섯 번 맞았으며 세 번 태장으로 맞고 한 번 돌로 맞고 세 번 파선하고 일주야를 깊은 바다에서 지냈으며 여러 번 여행하면서 강의 위험과 강도의 위험과 동족의 위험과 이방인의 위험과 시내의 위험과 광야의 위험과 바다의 위험과 거짓 형제 중의 위험을 당하고 또 수고하며 애쓰고 여러 번 자지 못하고 주리며 목마르고 여러 번 굶고 춥고 헐벗었노라"(고후 11:24-27, 6:4-5 참고).

그리고 한편으로는 세상 속 교회의 처지를 묘사하면서 이렇게 말했다. "바로 이 시각까지 우리가 주리고 목마르며 헐벗고 매 맞으며 정처가 없고 … 우리가 지금까지 세상의 더러운 것과 만물의 찌꺼기같이 되었도다"(고전 4:11-13).

그러므로 삶에 너무 많은 고난이 찾아온다고 생각될 때, 사도 바울의 고난을 묵상하라. 그것은 분명 자신의 상황을 적절한 시각으로 바라보는 데 도움이 될 것이다.

자기의 고난에 관해 이야기할 때 바울은 우울한 상태에 빠져 있거나 사람들이 자기를 안쓰럽게 여기도록 하지 않았다. 자기가 얼마나 용감한지를 뽐내지도 않았다. 그저 자기의 경험을 진솔하게 진술했다.

또한 그는 놀라운 방식으로 자기의 기도가 응답되었다고 말한다. 그의 인생에서 가장 큰 야망은 그리스도의 고난에 참여하는 것이었기 때문이다.

바울이 다메섹 도상에서 처음으로 예수님께 순복했을 때, 그는 자기가 복음이라는 명분을 위해 얼마나 고난당해야 하는지 확실히 들었다(행 9:15-16). 바울은 그러한 사실을 받아들였고, 그가 드린 평생의 기도는 그리스도의 고난에 참여하고 "그의 죽으심을 본받는 것"이었다(빌 3:10 참조). 그는 자기를 위해 고난의 십자가에서 죽으신 구주를 위해 기꺼이 자기 십자가를 지기로 선택했다.

이것은 바울이 박해를 선물로 묘사했던 이유를 설명해준다. "그리스도를 위하여 너희에게 은혜를 주신 것은 다만 그를 믿을 뿐 아니라 또한 그를 위하여 고난도 받게 하려 하심이라"(빌 1:29).

아무도 원하지 않는 선물에 대해 말해보라! 누가 고난을 좋아할까? 그럼에도 불구하고 바울은 박해를 사도의 특권(하나님을 영화롭게 하는 완벽한 기회)으로 여겼다. 또한 그리스도와 그 나라를 위해 견딘 고난에서 기쁨을 발견했다.

그는 박해에 관해 언급했던 거의 모든 구절에서 하나님의 선하심 안에서 기쁨을 발견한다고 증언한다. 그는 언제나 "나는 … 괴로움을 기뻐하고"(골 1:24), 혹은 "내가 … 박해와 곤고를 기뻐하노니"(고후 12:10)라고 말한다.

바울이 다른 사람보다 고통을 더욱 즐긴다는 것이 아니다. 다만 그에게는 성령 하나님의 임재 안에서 누리는 기쁨의 초자연적인 원천이 있었다.

교회를 향한 실제적인 박해

바울은 우리에게 고난이 찾아올 때의 대처법에 관해 많은 것을 가르쳐준다. 아마도 그가 견딘 것과 비슷한 고통을 겪게 될 그리스도인은 극히 적을 것이다. 그럼에도 불구하고 그가 직면했던 고난은 우리의 경험과 연관된다.

첫 번째 이유는 그것이 우리 모두로 하여금 크리스천 제자도의 높은 대가를 생각해보도록 도와주기 때문이다.

다음을 생각해보라. 그리스도를 위해 살기로 결심하는 것은 그리스도를 위해 죽기로 결심하는 것이기도 하다. 어떤 그리스도인들이 무엇 때문에 고통당하는지 알게 되면, 그리스도를 따르겠다는 헌신을(그것이 무엇이건) 신실하게 지킬 수 있다.

바울의 인내는 특히 이 세상 가장 험난한 곳에서 예수님의 이름으로 살며 복음을 전하라고 부르심을 받은 사람 모두와 관련이 있다. 설령 우리가 세상에서 가장 험난한 곳에 가지 않는다 하더라도 어려운 상황에 놓인 자기를 발견할 수도 있다.

예를 들어 어느 대학생이 여름방학 동안 고향에 가서 고등학교 때 친구들과 어울리는 상황을 생각해보자. 그곳에서 다른 사람들이 말하고 행동하고 웃는 것이 하나님께 영광을 돌리지 못하기 때문에 신자로서 그들이 하는 말을 하지 않고, 그들이 하는 행동을 하지 않고, 그들이 웃는 대로 웃지 않기로 결심한다고 하자. 하지만 신자가 무리와 똑같이 하지 않기로 결심할 때, 사람들의 일반적인 말을 참아내기보다는 무리에 동화되기가 훨씬 더 쉽다.

다른 예를 들어보겠다. 어느 직장인이 그리스도인으로서의 정체성에 대해 침묵하라는 매우 실제적인 유혹이 있는 곳에서 일한다고 하자. 이 유혹에 굴복하는, 미묘하지만 명백한 결과는 예수 그리스도와의 인격적인 관계를 예수 그리스도와의 사적인 관계로 바꾸는 것이다. 즉 바울의 본은 모든 그리스도인에게 더 강한 입장을 취하라고 도전한다.

사도의 고난이 우리와 연관되는 또 다른 이유는 그것이 우리에게 오늘날 세계 곳곳에서 교회가 당하는 실제적인 박해를 상기시켜 주기 때문이다.

미국이나 서구에서 일어나고 있는 일에만 초점을 맞추면 다른 나라에서 일어나고 있는 일을 놓치기 쉽다. 오픈도어(Open Doors, 초교파적인 선교 후원 단체 – 역주)에서 작성한 기독교 박해국가 순위(World Watch List)에 의하면, 최근 1년 안에 1천 개 이상의 교회가 공격당했으며, 4천 명 이상의 그리스도인이 죽임을 당했다.[1]

나이지리아의 무장 이슬람 단체인 보코 하람(Boko Haram, 나이지리아에서 민간인을 상대로 테러를 저지르는 이슬람 극단주의 테러조직 – 역주)은 2015년에 모든 그리스도인들의 나라를 '정화하겠다'고 공개적으로 발표했다. 다음은 그 지도자의 말이다. "이것은 그리스도인들에 대한 전쟁이다. … 알라는 우리가 그들을 죽여야 한다고 말한다."[2] 그 목적을 위하여 지하드의 테러리스트들은 교회를 불사르고, 마을 전체를 파괴하고, 수백 명의 십대 소녀를 납치한다. 그 아이들 대부분이 크리스천이다. 불과 일주일 동안, 보코 하람은 차드 호(湖)에 있는 어촌 마을을 공격해서 2천 명 이상을 죽였다. 많은 여자와 아이들이 과밀한 배를 타고 호수로 들어갔는데 그 배가 전복되어 익사한 것이다.[3]

유사한 공격이 니제르에서도 발생했다. 풍자적 성격의 프랑스 주간지 '샤를리 에브도'(Charlie Hebdo)에 대한 이슬람의 시위가 40개 교회를 파괴했다.[4]

교회에 대한 공격은 북시리아에서 훨씬 더 흔하다. ISIS로도 알려진 IS(the Islamic State)는 2014년 가을에 약 1백만 명의 그리스도인을 집 밖으로 끌어냈고, 강제로 겨울의 궁핍함에 내몰았다. 똑같은 일이 북이라크에서도 발생했다. 대량학살의 결과로 2015년 부활절에는 교회 종이 울리지 않았다. 모술이라는 역사적 도시에서 1,500년 만에 처음 일어난 일이었다. 모술에 있는 그리스도인의 집은 검은 글자(나사렛 사람을 뜻하는 'N')로 표시되었다.[5] 그 후 리비아에서 끔찍한 처형이 있었다. 무슬림들이 지중해 해변에서 21명의 콥트교(이집트에서 생겨난 기독교의 한 종파) 그리스도인들의 목을 벤 것이다.

또 다른 예로는 소말리아의 테러 조직인 알-샤바브(Al-Shabaab)가 케냐의 가리사 대학(Garissa University College, 2011년에 개교한 케냐의 국립대학)을 공격했다. 무장군인들이 쿠란의 구절을 암송하라고 요구해서 무슬림과 그리스도인을 분리시킨 뒤 그리스도인 학생들을 냉혹하게 살해한 사건이다. 무려 약 150명에 달하는 희생자 대부분이 그들의 가정에서 첫 번째로 대학을 다니던 아이들이었다.

우리는 세계 곳곳의 교회에서 무슨 일이 일어나고 있는지 알아야 한다. 우리 형제자매들의 고통은 우연한 일이 아니다. 의도적인 일이다. ISIS는 공식적으로 대량학살을 요구하면서 '십자가 국가에게 주는 메시지'라는 제목을 붙였다. 당시의 뉴스보도에 의하면 그 메시지는 다음과 같다. "우리는 당신들의 로마를 점령하고, 당신들의 십자가를 부수고, 당신들의 여성을 종으로 삼을 것이다."

십자가 왕국(하나님 나라)의 구성원으로서, 우리는 하나님이 그에 대응하여 무엇을 하라고 요구하시는지 깊이 생각해봐야 한다. 우리는 박해받는 교회를 위해 기도하고 있는가? 그들을 돕기 위해 무엇을 할 수 있는지 하나님께 여쭈고 있는가?

어느 대학생이 왜 복음주의 교회는 '중동, 북아프리카, 서아프리카에 있는 우리 형제자매들의 위기와 박해에 관심을 집중시키지 않는지' 묻는

글을 썼다. 유대인 공동체 구성원들도 동일한 질문을 했다. 어느 랍비는 만약 리비아에서 그리스도인들이 아니라 유대인들이 목 베임을 당했다면 전 세계에 흩어져 있는 유대 공동체가 그들의 가족(그들의 혈육)을 위해 울부짖었을 거라고 논평했다. 그러면서 교회에는 왜 그런 분노가 없는지, 믿음 안에서 한 형제요 자매인 우리에게 왜 더 강한 연대감이 없는지를 알고 싶어 했다.

그리스도인들이 박해받는 이유

더 큰 연대감을 세우기 위한 방법 중 하나는 우리가 박해받는 교회의 고통을 잘 인지하는 것이다. 동시에 하나님께서 왜 사랑하는 자녀에게 고통당하는 것과 심지어 복음을 위해 죽는 것까지 허락하시는지를 이해해야 한다. 이런 고난에서 하나님의 뜻은 무엇일까?

우리와 달리 바울에게는 이 질문이 어렵지 않았다. 그는 그리스도인들이 가는 곳마다 박해받는 이유를 정확히 알았다. 그리고 이것이 하나님의 계획의 일부임을 잘 이해했다.

여기 그의 설명이 있다. 우리는 "항상 예수를 위하여 죽음에 넘겨진다." 왜? "예수의 생명이 또한 우리 죽을 육체에 나타나게 하려 함이다. 그런즉 사망은 우리 안에서 역사하고 생명은 너희 안에서 역사한다"(고후 4:11-12 참조).

성금요일과 부활절의 패턴이 정말 신비로운 방식으로 박해받는 교회에서 반복된다. 참으로 그것은 잃어버린 영혼을 위한 복음전도에 필요하다. 신실한 신자들이 예수 그리스도를 위해 고통을 견디는 것에는 불신자들이 복음을 이해하도록 돕는 뭔가가 있다. 그들은 예수님이 십자가에 달리신 것을 보지 못하지만 그분의 고난에 참여하는 공동체는 본다. 그리고 하나님은 이 끔찍한 상징을 사용하셔서 죽음에서 새로운 영혼의 생명을 가져오신다. 세상에서 당하는 고통으로 십자가의 표지를 지닌 교회는 부활하신 그리스도의 복음을 전하는 살아있는 간증이다.

교회사에서 매우 흥미로운 예가 1480년 로마 근교의 오트란토에서 발생했다. 그곳의 그리스도인들이 무슬림에 대항하여 필사적으로 집과 가족을 방어하는 과정에서 수천 명이 죽었다. 생존자 중 여자와 어린이들은 노예로 잡혀갔고, 15세에서 50세에 속한 8백 명의 남자들은 이슬람으로 개종하는 것과 목 베임 중 하나를 선택해야 했다.

그 성읍의 주교와 대주교가 잔인하게 살해된 후, 안토니오 프리말디라는 이름의 용감한 재단사가 남은 생존자들을 이끌고 이슬람에 저항했다. 그들은 한 사람씩 목 베임을 당했다. 지오반니 라게토의 『1480년의 오트란토 전쟁의 역사』(Historia della Guerra de Otranto del 1480)는 프리말디가 이렇게 말했다고 기록한다. "우리는 주님을 위하여 우리의 영혼 구원을 위해 싸운다. 그분이 우리를 위해 십자가에서 죽으셨기에, 그분을 위해 죽어도 좋다."[6]

오트란토의 존귀한 시민들처럼, 박해받는 많은 그리스도인이 그들의 극심한 고통과 그리스도의 십자가 사이에서 연관성을 보았다. 그리고 하나님은 사람들을 그리스도에 대한 믿음으로 인도하시기 위해 순교자들의 용감한 간증을 수없이 사용해오셨다. 이것이 바로 바울이 싸우지 않고, 낙심하지 않고, 버린 바 되지 않고, 망하지 않는 이유를 설명해준다. 설령 그가 욱여쌈을 당해도, 답답한 일을 당해도, 박해를 받아도, 거꾸러뜨림을 당해도 말이다. 그는 하나님께서 잃어버린 영혼을 구원하시기 위해 자기의 고난을 사용하시는 것을 볼 수 있었다. "많은 사람의 감사로 말미암아 은혜가 더하여 넘쳐서 하나님께 영광을 돌리게 하려 함이라"(고후 4:15).

하나님께서 자기 백성에게 고난을 주시는 목적이 구원에 있다는 사실은 우리에게 특별한 기도를 요구한다. 이 고난이 헛되지 않고 잃어버린 영혼 구원으로 인도되게 해달라는 기도 말이다. 그러므로 우리의 형제 자매들이 박해당하고 있다는 슬픈 뉴스를 들을 때마다 절망해선 안 된다. 그 대신 이것이 하나님의 목적의 일부임을 믿고 그들의 간증을 위해 기도해야 한다.

2014년 9월 12일 사이드 아베디니 목사는 딸 레베카의 여덟 살 생일을 맞아 감동적인 편지를 썼다. 그는 예수 그리스도의 복음을 설교한다는 이유로 이란의 감옥 수감실에 수년간 포로로 잡혀 있었다. 어린 딸의 생일을 함께하지 못한 것이 벌써 3년째였다.

> 사랑하는 레베카 그레이스, 여덟 번째 생일을 축하해! 너는 정말 빨리 자라고 매일 더 아름다워지는구나. … 아빠는 네가 아주 많이 보고 싶단다. 그리고 아빠는 너의 질문을 잘 알아. 아빠가 돌아오기를 그렇게 많이 기도했는데도 왜 아직 돌아오지 않는지 궁금해하지. 지금 너의 마음속에는 커다란 '왜?'가 있구나. 왜 예수님은 너의 기도에 응답하지 않으시는지.

… 그 '왜'에 대한 답은 '누구'란다. '누가' 다스리시지? 주 예수 그리스도가 다스리신단다. … 예수님은 그분의 영광을 위해 아빠가 여기에 붙잡혀 있는 걸 허락하셨어. … 세계 곳곳에서 많은 사람이 기독교 신앙을 위해 죽고 고난당한단다. 어떤 사람들은 '왜'를 궁금해할 거야. 하지만 너는 '왜'에 대한 답이 '누구'임을 알아야 해. 그건 예수님을 위해서란다. 그분은 그만한 가치가 있는 분이란다.[7]

"잠시 받는 환난의 경한 것"

사도 바울이 감옥에 있으면서 성령의 위로하시는 임재를 경험했던 것처럼, 아베디니 목사도 그와 똑같은 경험을 한 게 분명하다. 이것 역시 우리를 기도의 자리로 부른다. 우리가 박해받는 교회의 고통을 경감시킬 수는 없을지 모른다. 물론 가능할 때도 있을 것이다. 하지만 우리가 형제자매들에게 실제적인 도움을 줄 수 있든 없든, 적어도 하나님의 임재의 평안을 위해 기도는 할 수 있다.

2015년에 복음주의협회는 "전 세계 곳곳의 그리스도인들이 당하는 고난에 대해 공동의 슬픔과 깊은 관심"을 표했다. 협회는 "그리스도를 믿는 형제자매들이 박해를 당하고, 선조들이 물려준 집에서 쫓겨나고, 심지어 신앙 때문에 순교당하고 있다"고 말했다. 그리고 곳곳의 그리스도인들에게 "생명이 위협받는 이들을 위하여, 특히 잔인하게 살해된 순교자들의 가족을 위하여 지속적인 기도에 동참해달라"고, "난민들의 필요와 깨어진 공동체의 재건을 위하여 넉넉히 헌금해달라"고 요청했다.[8]

하나님은 하나님의 백성이 진짜 고난에 빠질 때 언제나 보내주시는 도움으로, 위협 아래 있는 그리스도인들을 향한 우리의 지속적인 기도에 응답하신다.

성경은 하나님이 "압제를 당하는 자의 요새이시요 환난 때의 요새이시로다"(시 9:9)라고 기록한다.

인간의 이해를 초월하는 방식으로, 성령 하나님의 친밀한 임재는 박해받는 교회에 어둠 속 소망을 준다. 십자가에서 괴로움을 당하셨던 예수님(그래서 그분은 고난에 빠지는 것이 어떤 느낌인지를 누구보다 잘 아신다)이 우리를 구원하시기 위해 우리와 함께 계신다.

사도 바울에게 가장 큰 위로는 자기가 겪는 고통이 영원의 관점에서 볼 때 단지 일시적이고, 매우 미미한 결과에 불과함을 아는 것이었다. 그의 고난 목록을 보면 그가 그리스도라는 명분을 끝까지 신실하게 지킨 것은 고사하고 살아남은 것 자체가 믿기 어려울 정도다.

일찍이 바울은 "힘에 겹도록 심한 고난을 당하여 살 소망까지 끊어졌다"(고후 1:8 참조). 하지만 고린도후서 4장 17절에서는 그것을 "잠시 받는 환난의 경한 것"이라고 부르며 모든 고난에 작별을 고했다.

참으로 그리스도인의 고난은 "잠시 받는 것"이다. 이생은 그저 기나긴 영원의 짧은 서곡에 불과하기 때문이다.

우리는 죽은 뒤에 다시 부활하여 영원히 산다. 바울은 "주 예수를 다시 살리신" 바로 그 성령께서 "예수와 함께 우리도 다시 살리실 것"을 절대적으로 확신했다(고후 4:14 참조). 또한 그는 "우리가 그와 함께 영광을 받기 위하여 고난도 함께 받아야 할 것이니라"(롬 8:17)고 말했다. 이것이 바로 그가 죽을 지경까지 박해를 받아도 낙담하지 않았던 이유다.

그리스도의 부활은 곧 그리스도인의 부활을 의미한다. 그러므로 우리는 잃을 것이 없다. 생명을 얻을 뿐이다.

다시 부활할 때 우리는 인생의 모든 환난이 사라질 정도로 엄청난 영광에 들어간다. "우리가 잠시 받는 환난의 경한 것이 지극히 크고 영원한 영광의 중한 것을 우리에게 이루게 함이니 우리가 주목하는 것은 보이는 것이 아니요 보이지 않는 것이니 보이는 것은 잠깐이요 보이지 않는 것은 영원함이라"(고후 4:17-18).

성공이 아닌 신실함

하나님께서 우리를 위해 준비하신 영광의 무게는 우리가 상상할 수 있는 것보다 훨씬 크다. 그리고 우리가 생각하는 것보다 가까이 있다. 그리스도 이후 2세기 때 글을 쓴 헬라의 철학자 아리스티데스는 그리스도인들이 죽음을 생각하는 방식에 대해 다음과 같이 감탄하며 설명했다. "그들 중에서 어떤 의로운 사람이 죽게 되면, 그들은 기뻐하며 하나님께 감사한다. 그리고 마치 그가 가까운 어딘가를 향해 길을 나서는 것처럼 그의 시신을 호송한다."⁹⁾ 이것은 각처의 그리스도인들이 죽음과 삶을 생각하는 올바른 방법이다. 천국은 가까이 있다.

이것을 진정으로 믿는 사람들(십자가를 의지하며 하나님의 크신 영광에 대한 소망을 보는 사람들)은 가장 큰 인내와 참을성으로 세상에서 가장 선한 일을 하는 사람들이다.

이와 관련하여 주목할 만한 사례를 클라렌스 조단의 인생에서 발견할 수 있다. 조단은 헬라어, 히브리어, 농업에서 박사 학위를 취득했다. 그토록 탁월한 재능을 타고났지만 자기 인생을 가난한 사람들을 섬기는 데 헌신하기 위해 1940년대에 조지아주 아메리쿠스에 코이노니아 농장을 설립했다. 그곳은 가난한 백인들과 가난한 흑인들이 크리스천 공동체 안에서 함께 살 수 있는 곳이었다.

코이노니아 농장 같은 다인종 공동체는 1940년대에, 그것도 인종차별이 있던 남부에서 심각한 반감에 직면했다. 그 반감의 상당 부분은 교인들에게서 비롯되었다.

마을 사람들은 조단을 막기 위해 그들이 할 수 있는 모든 일을 시도했다. 조단의 농산품을 구매하지 않았고, 일꾼들의 자동차 타이어를 펑크냈다. 1954년의 어느 밤에는 큐 클럭스 클랜(Ku Klux Klan[KKK], 사회 변화와 흑인의 동등한 권리를 반대하며 폭력을 휘두르는 백인 비밀 단체—역주)이 와서 단번에 그를 제거하려 했다. 그들은 클라렌스의 집을 제외한 농장 모든 건물에 불을 놓았고, 그의 집은 총알로 벌집을 만들어버렸다.

다음 날 신문 기자가 농장의 불탄 잔해를 취재하러 왔다. 놀랍게도 그는 조단 박사가 들판에서 괭이질을 하고 씨를 뿌리며 바쁘게 일하는 것을 발견했다. 기자가 말했다. "끔찍한 뉴스를 들었습니다. 그래서 당신의 농장이 문을 닫을 거라는 비극적인 이야기를 쓰려고 하는데요."

하지만 기자가 그에게 대답을 부탁하며 성가시게 하는 내내 조단은 계속 흙일을 했다. 마지막으로 기자는 이렇게 물었다. "조단 박사님, 당신은 두 개 분야에서 박사학위를 받으셨지만 이 농장에 14년을 쏟았고 이젠 폐허가 되었어요. 당신이 얼마나 성공했다고 생각하십니까?"

조단은 일을 멈추고 괭이를 내려놓은 뒤 기자에게 몸을 돌려 그의 눈을 똑바로 쳐다보며 말했다. "십자가만큼 성공적이오. 기자님, 당신이 우리를 이해한다고 생각하지 않소. 우리가 관심 있는 것은 성공이 아니라 신실함이오. 우리는 인내하고 있다오. 잘 가시오."[10]

솔직히 나는 내 삶에 심각한 박해가 일어나지 않기를 소망한다. 하지만 만약 내게 그런 고난이 찾아온다면, 그것을 잠시 받는 환난의 경한 것으로 여기기를 기도한다. 예수님을 향한 나의 섬김이 십자가만큼 성공적이기를 기도한다. 부활하신 그리스도를 믿는 믿음으로 그분의 영원한 영광을 얻기를 기도한다. 이 책을 읽는 모든 이를 위해, 동일한 소망을 갖고 동일하게 기도한다.

나눔을 위한 질문

그리스도인들에게 고난을 안겨주던 사울이 회심 이후 그리스도인이 되어 큰 고난을 당하는 바울이 되었다. 상황이 역전된 것이다. 우리가 직면한 시련과 박해를 저주가 아닌 선물로 볼 수 있으려면 우리에게도 그와 유사한 기적적인 변화가 필요하다. 당신의 관점이 이렇게 변화되기를 기꺼이 기도할 수 있는가? 당신의 고난이 상상 이상으로 선하게 작용할 거라는 기대가 있는가?

1. 그리스도 때문에 박해를 받거나 기독교 신앙 때문에 고난을 당한 적이 있습니까? 당신의 경험을 말해봅시다. 그 경험이 당신의 경건생활에 어떤 영향을 끼쳤습니까?

2. 요한복음 12장 24-26절, 빌립보서 3장 10절, 베드로전서 2장 20-23절 같은 본문에 의하면, 믿음을 위해 당하는 고난을 어떻게 바라봐야 합니까?

3. 바울은 박해를 선물로 보았습니다(고후 12:10; 골 1:24). 그가 자기의 극단적 어려움을 하나님과의 관계에서 누리는 특권으로 여기게 해준 것은 무엇이었습니까?

4. 어떻게 하면 동료 신자들이 세계 곳곳에서 경험하는 박해에 관해 더 잘 알 수 있습니까? 우리 형제자매들에게 무슨 일이 일어나고 있는지 아는 것이 왜 중요합니까? 그리스도인들이 학대당하거나 심지어 순교당한다는 뉴스를 들을 때 어떻게 반응해야 합니까?

5. 바울이 고린도후서 4장 7-15절에서 자신이 처한 상황을 묘사하기 위해 사용하는 단어들을 적어봅시다. 그중에서 당신이 공감하고 당신의 상황과 동일시할 수 있는 단어는 무엇입니까?

6. 고린도후서 4장 13절에서 바울이 자기의 심각한 상황에서 무엇을 했는지 주목해봅시다. 그리스도인이라는 이유로 위협당할 때, 당신은 주로 어떻게 반응합니까? 그리스도에 대한 믿음 때문에 박해받는 사람들이 오히려 담대히 말하도록 어떻게 격려할 수 있습니까?

7. 바울의 담대함은 하나님에 대한 믿음에서 비롯되었습니다. 고린도후서 4장 12-15절에서 하나님은 신자들의 박해로부터 어떤 신한 것을 이끌어내십니까? 당신의 삶이나 다른 그리스도인의 간증에서 이와 비슷한 예를 본 적이 있다면 나누어봅시다.

8. 고린도후서 4장 16-18절에 기록된 우리 소망의 근거를 읽어봅시다. 당신이 고통당할 때, 혹은 동료 신자들을 위해 기도로 씨름할 때, 그 시간 동안 마음을 지킬 수 있는 실제적인 방법은 무엇입니까?

에필로그

당신도 승리의 은혜를 간증할 수 있기를…
"담대하라 내가 세상을 이기었노라"
(요 16:25-33)

지금부터 일주일, 혹은 1년, 혹은 10년 후 당신에게 고난이 찾아온다. 진짜 고난이다. 많은 어려움을 겪게 되는 사람은 다름 아닌 당신이다. 이번엔 당신 차례다.

당신이 어떤 종류의 고난에 빠질지 나는 모른다.

몸을 쇠약하게 만드는 질병으로 고통당하거나, 생명을 위협하는 질환에 갑작스럽게 직면하게 될지 모른다. 혹은 사랑하는 이를 잃을 수도 있다. 가난과 피 흘림과 타락한 인종 간의 갈등에 휩싸일 수도 있다. 신앙의 위기가 찾아와서 갑자기 예수 그리스도 안에 있는 하나님의 구원 약속을 의심하게 될지도 모른다. 아니면 주님으로부터 차츰 멀어지다가 어느 날 영적으로 전혀 예상하지 못했던 장소에 와 있는 걸 알아차리게 될지도 모른다.

　당신의 독특한 상황이 무엇이든, 언젠가 당신은 옛 흑인영가의 가사를 되풀이하고 있는 자신을 발견하게 될 것이다.

　저예요, 저예요, 저예요, 주님,
　기도가 필요해서 여기 서 있어요.
　형제도 자매도 아니에요. 저예요, 주님,
　기도가 필요해서 여기 서 있어요.
　어머니도 아버지도 아니에요. 저예요, 주님,
　기도가 필요해서 여기 서 있어요.

이방인도 이웃도 아니에요. 저예요, 주님.
기도가 필요해서 여기 서 있어요.

놀라지 말라

당신이 고난에 빠질 것을 내가 어떻게 알 수 있을까?
이러한 나의 주장을 다른 그리스도인들의 이야기를 통해 **역사적으로** 변호해 보겠다. 목사이자 대학 총장인 나는 많은 사람의 비통한 이야기를 들었다. 만성질환, 가까운 벗이나 자녀의 죽음, 낙심과 의심, 신앙을 잃고 회복되지 못한 것, 실직, 염려, 끝내 버림받을 때까지 지체되는 꿈…. 이러한 것은 그저 내가 아는 사람들의 삶에 기초한 이야기 일부에 불과하다.

다른 한편으로 나는 내가 직접 겪은 고난을 들려줌으로써 그러한 주장을 **개인적으로** 변호할 수 있다. 나는 엄청나게 복 받은 인생을 살고 있지만, 수년간 내 몫의 고통스런 시험을 겪었고 무거운 짐을 졌다. 친구가 "나는 완전함으로 가는 길에서 계속 고통당하고 있어."라고 말하는 것을 충분히 이해할 만큼 많은 고난을 겪었다.

또한 나는 우리의 첫 조상이 어떻게 금지된 열매를 먹었는지 말해주는 창세기 3장으로 되돌아감으로써 **성경적으로** 내 주장을 변호할 수 있을 것이다. 이후 그들이 죄에 빠져 타락해 버린 비극적인 결과를 보여주면서 말이다. 이에 대해 욥은 다음과 같이 정리했다. "여인에게서 태어난 사람은 생애가 짧고 걱정이 가득하며"(욥 14:1).

혹은 원죄, 전적 타락, 최후 심판의 교리(세상의 모든 환난을 설명해주는 교리들)에 관해 이야기함으로써 **신학적으로** 내 주장을 변호할 수도 있을 것이다.

하지만 나는 훨씬 더 솔직하게 주장하고 싶다. 즉 예수님의 분명한 말씀을 인용함으로써 **예수님의 관점으로** 변호하기 원한다. 예수님은 "세상에서는 너희가 환난을 당하나"(요 16:33)라고 말씀하셨다.

이 말씀은 제자들과 최후의 만찬을 나누셨던 다락방에서 하신 말씀이다. 그분은 자기의 때가 왔고, 곧 세상 죄로 인해 고통당할 것을 아셨다. 자기가 가신 후의 일을 이미 보셨기에, 제자들이 연속적으로 환난에 직면하게 될 것을 아셨다.

이 주제는 예수님의 마지막 강화에서 반복적으로 등장한다. 예수님은 제자들에게 자신이 떠날 것을 말씀하셨다(요 13:33, 36, 16:28). 세상이 예수님을 미워한 것처럼 그들도 미워할 것을 말씀하셨다(요 15:18-19). 사람들이 그들을 죽이려 할 것(요 16:2)과 그들이 슬픔과 고통으로 애통할 것(요 16:20)을 말씀하셨다. 제자들이 예수님을 버리고 사방으로 흩어질 것(요 16:32)도 말씀하셨다. 그리고 마지막으로 다음과 같이 선포하시며 제자들의 모든 환난을 요약하셨다. "세상에서는 너희가 환난을 당하나."

이 말씀이 특별히 첫 제자들에게 주어졌을지라도, 오늘날 예수 그리스도를 위해 밖으로 나가 세상에 영향력을 미치기 소망하는 모든 사람과 관련된다. 특히 한 가지는 분명하다. 당신에게 환난이 오고 있다.

어쩌면 당신은 이미 이것을 알고 있을지 모른다. 교회 안에서 성도들과 교제하고 있다면, 하나님의 백성들에게는 고난이 일상이라는 사실을 알 것이다.

기독교 대학의 총장인 나는 사람들이 캠퍼스 밖에서 경험하는 '진짜 세상'에 대해 말할 때마다 놀란다. 그리고 사람들이 어느 곳에서나 만나는 문제들을 휘튼대학에서도 만난다.

매년 우리 학교의 교수들과 직원들과 학생들 일부는 질병을 견디고, 가까운 가족의 죽음으로 고통당한다. 어떤 이들은 재정적인 시련(하나님께서 어떻게 공급하실지 확신할 수 없는 시간들)에 직면한다. 어떤 이들은 공동체의 다른 구성원 때문에 손해를 입거나, 권력을 가진 자들에게 부당한 대우를 받았다고 느낀다.

인종, 신학, 성, 정치, 종교에 관한 충돌이 있다. 모두가 세계의 주요 갈등이다. 우리 공동체에 속한 대부분의 사람들이 낙심하고, 심지어 절망하기도 한다.

이것은 결코 특이한 일이 아니다. 죄악된 이 세상에서 고통당하는 하나님의 백성이 정상적으로 겪는 경험이다.

예수님께서 제자들에게 하신 말씀은 수세기 동안 교회의 진리였다. "세상에서는 너희가 환난을 당하나."

이 말씀은 특히 오늘날의 교회와 밀접한 관련이 있는 것 같다. 우리가 고난을 당하는 주된 이유는 우리가 예수 그리스도를 따르는 자들이기 때문이다.

이것은 요한복음 16장 33절의 중요 포인트다. 우리의 헌신과 확신은 하나님의 영광과 명예 대신 자체적인 권력과 즐거움을 추구하는 문화로부터 공격을 받을 것이다. 각각의 그리스도인이 어디에서 이런 압박에 직면할지 예측하기 어렵다.

하지만 사람들이 기독교가 편협하고 부도덕하다고 말할수록, 대화중에 예수 그리스도를 버리고 그 이름을 품은 모든 사람에게 찾아오는 핍박을 피하고 싶은 유혹이 더욱 강해질 것이다.

담대하라!

당신에게 찾아올 불가피한 고난을 예측하면서, 나는 이 책을 복음의 소망이라는 메시지로 마무리하려 한다. 이것은 예수님이 제자들에게 주셨던 것과 동일한 메시다. 알다시피 예수님은 그들이 반드시 직면하게 될 모든 환난에 솔직하셨다. 그러나 단 한 순간도 이것을 두려워할 대상으로 여기지 않으셨다. 오히려 반복적으로 두려워하지 말라고 말씀하셨다.

요한복음 14장 도입부에서도 이러한 사실을 볼 수 있다. 바로 앞 장에서 예수님은 그날 밤 베드로가 많은 사람 앞에서 예수님을 세 번 부인할 거라고 예언하셨다. 이 얘기를 듣고 제자들은 충격에 빠졌을 것이다. 그리고 제자들의 얼굴에 그러한 심경이 드러났을 것이다. 왜냐하면 예수님이 곧바로 "너희는 마음에 근심하지 말라"(요 14:1)고 말씀하셨기 때문이다.

같은 장 뒷부분에서 예수님은 제자들에게 그분이 없는 삶이 어떠할지를 설명하시면서 동일한 말씀을 하셨다. 예수님은 자신이 제자들을 떠나실 것(이것은 예수님이 배신당하시는 밤에 반복적으로 말씀하신 내용이다)을 말씀하실 때마다 제자들이 어떻게 실망하는지 아셨다. 하지만 성령을 보내리라 말씀하시며 제자들을 안심시키셨고, "너희는 마음에 근심하지도 말고 두려워하지도 말라"(요 14:27) 말씀하시며 그들을 격려하셨다.

간단히 말하면 이렇다. 예수님은 우리의 고난 때문에 고난당하지 말라고 명령하신다.

요한복음 16장 33절에도 동일한 명령이 있다. 거기에서 예수님은 "세상에서는 너희가 환난을 당하나 담대하라"고 말씀하셨다. 이 선포는 하나님의 명령이다. 예수 그리스도께서 단순히 우리에게 무언가를 하라고 권면하시는 것이 아니다. 우리가 해야 할 일을 명확히 언급하신다. 그러므로 어떤 환난이 찾아온다 할지라도 당신의 마음을 두려움에 내주지 말라. 오히려 담대하라.

예수님께서 누군가에게 "담대하라"고 말씀하신 경우는 이때가 처음이 아니었다. 다른 복음서에도(마 9:2, 22; 막 6:50) 이 명령이 나온다. 이러한 사실은 이것이 주께서 특별히 좋아하신 말씀이라는 인상을 준다. 하지만 이번에는 이 명령이 약속과 함께 왔다. 예수님은 우리가 담대해야 할 유난히 좋은 이유를 주셨다. "세상에서는 너희가 환난을 당하나"라고 말씀하신 후에 "담대하라"고 말씀하셨다. 왜일까? 그 이유는 "내가 세상을 이기었기" 때문이다(요 16:33 참조).

이 약속에서 이상하게 느껴지는 부분은 예수님이 사용하신 동사의 시제다.

예수님이 십자가에서 죽으시기 전날 밤에 이 말씀을 주셨다는 것을 기억하라. 그분은 아직 우리의 모든 죗값을 지불하지 않으셨고, 그분의 희생의 피로 속죄를 드리지 않으셨다. 아직 무덤에서 돌아오지 않으셨고, 성령의 능력으로 불멸의 빛나는 몸으로 부활하지 않으셨다. 아직 승천하지 않으셨고, 하나님 우편에 있는 통치와 권위의 자리에 앉지 않으셨다. 훗날 다시 오셔서 해야 할 사역을 아직 마치지 않으셨다.

그럼에도 불구하고 그분은 말씀하셨다.

"내가 세상을 이기었노라."

예수님께서는 우리를 구원하시는 사역이 끝난 것과 다름없었다. 그분은 이미 죄에 대한 모든 유혹에 저항하셨다. 따라서 온전한 희생제물로 자기 생명을 드릴 완벽한 준비가 되어 있었다. 그분을 십자가와 무덤, 그리고 빈 무덤 밖으로 이끌 중대한 사건들도 이미 시동이 걸려 있었다. 예수님은 믿음으로 자기의 약속이 실현될 그날, 세상을 이기실 그날을 고대하고 계셨다.

이 약속이 오늘날의 우리에게 무엇을 의미할까?

예수님이 세상을 이기셨다면 사망이 패배한 것이고, 죄의 빚이 취소된 것이고, 영생으로 가는 문이 열린 것이다. 그러므로 우리의 환난은 그저 일시적일 뿐이다. 우리가 겪는 고통이 무엇이건, 그것은 예수 그리스도 안에서 우리를 향한 하나님의 사랑으로부터 우리를 결코 떼어낼 수 없다.

또한 그리스도가 세상을 이기셨다면 우리도 세상을 이길 수 있다. 우리도 유혹에 저항할 수 있다. 박해 속에서 인내할 수 있다. 그리스도와 그분의 나라를 위해 살 수 있다. 하나님께서 세상을 이긴 백성에게 약속하신 모든 것을 받을 줄로 온전히 기대하며 그리스도와 그분의 나라를 위해 죽을 수도 있다.

우리는 생명나무의 열매를 먹을 것이다(계 2:7). 하늘 보좌에 앉을 것이다(계 3:21). 하나님의 자녀로서 온전한 상속을 받을 것이다(계 21:7). 모든 압제의 끝을 볼 것이고 우리 눈의 모든 눈물이 닦일 것이다(계 21:4).

이것이 바로 우리가 담대할 수 있는 이유다. 그리스도께서 세상을 이기셨다.

찰스 스펄전은 요한복음 16장 33절을 본문으로 한 설교에서 이렇게 말했다. "주님의 말씀은 고난에 관해서도 진리입니다. 나는 추호의 의심도 없이 내 몫의 고난을 당합니다." 이 말을 통해 그는 다른 시련 속에서 자기가 직접 겪었던 우울증과의 평생의 씨름을 언급하고 있다. 하지만 그는 "담대하라"는 그리스도의 명령을 조심스럽게 주목하며 구주께서 그토록 대담한 명령을 지지하시기 위해 무슨 논거를 사용하셨는지 말했다. "그것은 그분의 승리입니다."

그러므로 우리는 이미 패배한 적과 싸우고 있다. 스펄전은 다음과 같이 덧붙인다. "오, 세상이여! 예수님께서 이미 너를 완파하셨도다. 내 안의 예수님이 그의 은혜로 다시 너를 이기실 것이다. 그래서 나는 담대히 승리의 주님을 노래한다."[1]

승리자들

당신에게 고난이 찾아올 때(반드시, 누구나 겪는 일이다) 마음을 괴롭게 하지 말고 하나님의 약속과 평안 주기 원하시는 예수 그리스도의 승리 안에서 담대하기를 소망하며 기도한다.

이것은 수세기 동안 하나님의 백성들이 온갖 종류의 고난 속에서 해온 일이다. 지금까지 이 짧은 책에서 줄곧 다뤄온 위대한 믿음의 사람들에 대해 다시 생각해보라. 그리고 만약 그들이 오늘날 간증할 수 있다면, 하나님께서 어떤 은혜로 그들을 승리자로 만드셨는지에 관해 그들이 무슨 말을 할지 상상해보라.

이사야라면 아마도 이렇게 말할 것이다.

"웃시야 왕이 죽던 해에 나는 진짜 고난에 빠졌습니다. 거룩하신 주님께서 높고 거룩한 보좌 위에 계신 것을 보았고, 비참한 나의 실상을 보게 되었죠. 나는 '화로다 나여! 망하게 되었도다. 나는 입술이 부정한 사람이요.'라고 말했습니다. 하지만 담대하십시오. 주님께서 우리의 모든 죄를 이기십니다. 그분이 나의 죄책을 없애주시고 나의 죄악을 속죄하셨습니다. 나의 더러운 입술을 만져주시고 나를 깨끗케 하셨습니다."

엘리야라면 치유하시는 하나님의 능력에 대한 소망을 전할 것이다.

"하늘에서 불이 떨어지고 하나님께서 바알의 선지자들을 패배시키셨던 갈멜산에서 내려온 직후에 나는 진짜 고난에 빠졌습니다. 이세벨 여왕은 나를 죽이려 했고, 나는 무서워서 살기 위해 도망쳤습니다. 쉬지 않고 약 480km를 달렸지요. 하지만 나의 고난을 피해 달아날 수는 없었습니다. 어느 순간 나는 하나님께 당장 내 생명을 거두어 달라고 기도했습니다. 하지만 담대하십시오. 주께서 나의 깊은 우울증을 이기셨습니다. 나를 만지시고, 먹이시고, 세미한 소리로 말씀하셨습니다."

룻이라면 기근이 있고 이스라엘에 왕이 없을 때 자기가 진짜 고난에 빠졌다고 말해줄 것이다.

"나는 남편을 잃고 고향을 떠났습니다. 내 것이라고 부를 만한 것이 아무것도 없는 먼 나라로 길을 떠났습니다. 그야말로 사느냐, 죽느냐의 문제였죠. 먹을 것이 하나도 없었습니다. 하지만 담대하십시오. 주님께서 나의 비통과 가난을 이기셨습니다. 그분의 날개 아래 나를 보호하셨습니다. 보리가 가득한 들판으로 나를 인도하셨고, 거기서 내 기업 무를 자의 팔에 안기게 하셨습니다."

다윗 왕도 고난을 겪었다. 아마도 그는 왕들이 전쟁에 나가던 어느 해 봄에 자기가 진짜 고난에 빠졌다고 말해줄 것이다.

"나는 아름다운 여인을 보았습니다. 다시 쳐다봐서는 안 되는 여인이었습니다. 그녀가 다른 남자의 아내라는 걸 알고 있었기 때문입니다. 하지만 치명적인 유혹에 굴복했고 나를 위해 그녀를 취했습니다. 나의 끔찍한 죄는 나의 가정을 파괴시키고 말았습니다. 하지만 담대하십시오. 주님께서 나에게 죄를 고백할 수 있는 은혜를 주심으로 그 비극적인 실수를 이기셨습니다. '이 곤고한 자가 부르짖으매 여호와께서 들으시고 그의 모든 환난에서 구원하셨도다'(시 34:6). 내 말을 믿어주십시오. '의인들의 구원은 여호와로부터 오나니 그는 환난 때에 그들의 요새이시로다 여호와께서 그들을 도와 건지시되'(시 37:39-40)."

선지자 예레미야라면 하나님의 승리의 은혜를 다르게 간증할 것이다.

"예루살렘 성전의 베냐민 문 옆에 있을 때, 나는 진짜 고난에 빠졌습니다. 하나님의 진리의 말씀을 설교해왔지만 종교 지도자들은 그 말씀을 듣고 싶어 하지 않았죠. 그래서 나를 때리고 감옥에 가두었습니다. 인정하는 게 정말로 수치스럽지만, 저는 영혼의 어두운 밤을 지났습니다. 내 모든 고난에 대해 하나님을 탓했고, 나는 태어나지 말았어야 했다고까지 말했습니다. 하지만 담대하십시오. 주님께서 내 원수들을 이기시고 나의 절망을 이기셨습니다. 감옥에서 나를 건지셨습니다. 나의 소망을 회복시키시고 언약에 대한 믿음을 새롭게 해주셨습니다. 그분은 '나의 힘, 나의 요새, 환난날의 피난처'이십니다(렘 16:19)."

마리아라면 자기가 약혼기간(약혼부터 결혼까지의 시간)에 진짜 고난에 빠졌다고 말해줄 것이다.

"절대 못 믿으시겠지만, 천사가 와서 처녀인 내 배 속에 아기가 잉태되었다고 말해주었습니다. 아이(아기 예수)가 태어났을 때, 우리에겐 온통 고난뿐이었습니다. 군인들이 내 아들을 죽이려고 왔습니다. 우리는 애굽으로 도망쳤고 고향에 돌아올 때까지 난민으로 지냈죠. 아들이 자라 성인이 되자 성부 하나님의 사역을 위해 나를 떠났습니다. 어떤 사람들은 그에게 늘 적대적이었어요. 결국 그들이 그를 죽였고요. 하지만 담대하십시오. 주님께서 나의 괴로운 영혼의 짐을 모두 이기셨습니다. 그분은 내게 불가능한 일을 하실 수 있다는 믿음을 주셨습니다. 주님께서 그 모든 불가능한 일을 하셨지요. 십자가형을 당한 내 아들을 영원한 생명의 능력으로 죽은 자 가운데서 살리셨습니다."

마지막으로 사도 바울의 간증을 생각해보라. 아마도 그는 자기가 에베소, 빌립보, 고린도 같은 장소에서 진짜 고난에 빠졌다고 이야기할 것이다. "그곳에서 나는 어두운 감옥에 있었습니다." "그곳에서 나는 파도 위로 머리를 내밀려고 애썼습니다." "그곳에서 나는 의식을 잃고 피 웅덩이에 누운 채 내동댕이쳐졌습니다."라고 말이다. 또한 그는 이렇게 말할 것이다. "이 모든 상황은 내가 복음을 전할 때 일어난 일입니다. 만약 당신이 예수 그리스도를 신실하게 증거한다면 당신에게도 나쁜 일들이 일어날 수 있습니다. 하지만 담대하십시오. 주 예수님은 내 모든 시련을 이기셨습니다. 내가 고통당하던 모든 순간에 나를 떠나지도, 버리지도 않겠다는 약속을 결코 어기지 않으셨습니다. 내 삶을 영원에 비추어보고 나를 기다리는 영광의 무게를 생각할 때, 잠시 받는 환난의 경한 것은 언급할 가치조차 없어요."

이 사람들은 모두 엄청난 고통을 겪었다. 목차를 보면 각 장의 제목이 그들의 개인적인 삶을 설명하고 있다는 것을 알 수 있다. 이처럼 그들의 이야기가 개인적인 이유는 그들의 고난이 개인적이었기 때문이다. 또한 그들의 구원 역시 개인적이기에, 그들은 하나님의 승리의 은혜를 개인적으로 간증할 수 있었다.

준비되었는가?

이와 같은 신앙 선배들의 말을 생각하다 보면 당신이 무슨 간증을 하게 될지 궁금해진다.

당신에게 이제 모든 고난이 끝났다고 말해주고 싶다. 하지만 나는 진리를 말해야 하고, 이 세상에서 사는 동안 당신이 고난을 당하게 될 거라는 사실이 진리다. 이 진리를 간과하지 말라. 예수 그리스도의 말씀을 믿으라. 문제는 '고난이 찾아올 때 당신이 어떻게 행동하고, 고난을 지나게 하시는 하나님을 어떻게 신뢰할 것인가?'이다.

슬프게도 많은 사람이 자기가 직면하게 될 모든 고난을 맞을 준비가 되어 있지 않다. 사람들이 책을 읽으며 밑줄을 긋는 유명한 구절이 있다. 바로 『헝거 게임』(The Hunger Games)에 나오는 다음의 문장이다. "사람들에게 종종 급작스러운 상황이 발생하는 까닭은 그들이 그 상황에 대처할 준비가 되어 있지 않기 때문이다."[2]

정말 맞는 말이다. 그러한 상황은 당신에게도 발생할 것이다. 대처할 준비가 전혀 안 되었다고 느끼는 상황 말이다.

그러나 하나님은 예수 그리스도 안에서 당신에게 은혜를 베푸신다. 그분이 원하시는 곳으로 당신을 인도하실 것이다. 당신에게 필요한 모든 것을 공급하실 것이다. 당신의 죄를 용서하시고, 당신의 실수를 만회하시고, 당신의 슬픔을 위로하실 것이다. 당신의 마음을 회복시키시고, 당신의 영혼을 새롭게 하실 것이다. 필요하다면 당신의 생명을 구하실 것이다. 은혜 안에서 성장하도록 도우시고 세상에서 해야 할 유익한 일(하나님을 영화롭게 하고 다른 사람을 섬기는 일)을 주실 것이다.

그러므로 당신의 구주께서 말씀하신다. "담대하라 내가 세상을 이기었노라"(요 16:33).

당신이 이 약속을 믿는다면 고난이 찾아올 때 다윗이 기도했던 것처럼 믿음으로 기도할 수 있을 것이다. "여호와여 주의 이름을 위하여 나를 살리시고 주의 의로 내 영혼을 환난에서 끌어내소서"(시 143:11).

그리고 당신이 하나님께 도움을 구할 때, 하나님이 당신의 기도에 응답하시고 모든 고난에서 당신을 구원하실 것이다.

나눔을 위한 질문

> 소망하기는, 이 책에 나온 이야기들이 당신으로 하여금 새로운 방식으로 고난을 보게 하고, 미래에 직면할 고난을 준비시켜주기 바란다. 또 소망하기는, 그 이야기들이 하나님께서 우리의 모든 고난 가운데 어떻게 우리를 도우시는지 보여주었기를 바란다. 하나님은 그분의 임재로 우리를 위로하시고, 선을 위해 우리의 씨름을 사용하시고, 우리의 고통이 다른 이들을 위로하는 데 사용될 기회를 주신다. 이 세상에서 우리는 환난을 마주하지만 예수님께서 세상을 이기셨기 때문에 담대할 수 있다.

1. 앞으로 몇 년간 당신에게 무슨 일이 일어날지 알 수 있다면, 그것을 알아보겠습니까? 만일 그렇다면, 혹은 아니라면, 그 이유는 무엇입니까?

2. 요한복음 14장에서 예수님은 제자들을 위해 무엇을 하시겠다고 약속하십니까? 현재(이 세상에서의 삶)를 위해서는 무엇을 약속하십니까?

3. 요한복음 14장에 따르면, 하나님은 고난의 때에 우리를 어떻게 도우십니까?

4. 요한복음 14장에 기초할 때, 그리스도인은 고난의 시기에 어떤 행동을 취해야 합니까?

5. 이사야, 엘리야, 룻, 다윗, 예레미야, 마리아, 예수님, 그리고 바울의 삶을 돌아볼 때, 앞으로 당신이 겪게 될 고난에서 적용할 수 있는 교훈은 무엇입니까? 어떤 인물의 이야기가 당신에게 가장 감동적이거나 도전이 되었습니까?

6. 의심, 낙심, 우울증에서 자유하게 된 당신의 간증은 무엇입니까? 하나님은 고난의 때에 당신을 어떻게 도우셨습니까?

7. 이후 하나님의 계획을 신뢰하기가 훨씬 더 어려워질 때, 믿음 안에 굳건히 서도록 스스로를 준비시키려면 지금 무엇을 해야 합니까?

주

프롤로그 – 고난은 그리스도인의 일상이다
1) 조시 허버트, "요셉의 코트," in 존 드루어리, *힌밤중의 음악: 조지 허버트의 생애와 시*(Chicago: University of Chicago Press, 2013), 356쪽.
2) 브라이언 퍼써, "고등교육의 연구 및 학문에 관한 AGB-UVA 심포지엄," *Occasional Paper No. 41* (Washington, DC; Association of Governing Boards of Universities and Colleges, September 2000), 13-14쪽.
3) 찰스 하돈 스펄전, 메트로폴리탄 타버나클 설교집, vol. 27(London: Passmore & Alabaster, 1881), 1595쪽.
4) 요한 프랑크의 찬송가 "예수, 대단히 값진 보물"(1653)에서 발췌.
5) C. H. 스펄전, 메트로폴리탄 타버나클 설교집: 전해지고 개정된 설교 포함, vol. 35(Pasadena, TX: Pilgrim Publications, 1969), 260쪽.

1. 죄책감으로 무너졌던 이사야
1) 알렉산더 솔제니친, 수용소군도, 1918-1956, 토머스 휘트니 & 해리 윌레츠 번역, 에드워드 에릭슨 축약(New York: Harper & Row, 1985), 75쪽.
2) 요하네스 케플러, 세상의 하모니, quoted in 칼 W. 기버슨, *우주의 경이: 미세 조정된 세상 속 하나님에 대한 힌트*(Downers Grove, IL: InterVarsity Press, 2012), 201쪽.

2. 죽고 싶을 만큼 절망했던 엘리야
1) 자살을 예고하는 징후들 및 대처법에 관해 더 많은 정보를 얻고 싶다면, the National Suicide Prevention Lifeline(800-273-TALK[8255])에 연락하라.
2) 조나단 블랑차드, quoted in 클라이드 S. 킬비, *고립무원: 조나단 블랑차드의 전기*(Grand Rapids, MI: Eerdmans, 1959), 87쪽.
3) 도널드 홀, "시간 때우기," in *하얀 사과 그리고 돌의 맛: 시선(詩選)집, 1946-2006*(Boston: Houghton Mifflin, 2006), 390쪽.
4) 돈 베이커, with 에머리 네스터, *우울증: 인생의 어두운 그림자에서 소망과 의미 찾기*(Portland, OR: Multnomah, 1983), 16쪽.
5) 찰스 스펄전, 전도자 (New York: Revell, 1895), 286-87쪽.
6) 레이첼 림, "나를 위한 신앙고백"(2015년 1월 12일), *posted on* 그녀의 블로그 *No Language*

but a Cry, http://pilgrimsearch.wordpress.com/2015/01/12/a-creed-for-myself/, 2015년 6월 30일 접속.
7) F. W. 크룸마허, in R. 래리 토드, ed., 멘델스존과 그의 세상(Princeton, NJ: Princeton University Press, 1991), 129쪽.

3. 사별과 가난으로 살 길이 막막했던 룻
1) 샤론 오네무스, "내가 남편을 잃었을 때," http://www.kilcrease.com/files/Article_Video/When%20I%20Lost%20My%20Husband.pdf, 2014년 9월 30일 접속.
2) 데스몬드 투투, "탄원기도," in 어느 아프리카인의 기도서(New York: Doubleday, 2006), 88-90쪽.
3) 이 기도는 부분적으로 N. T. 라이트의 오직 하나님을 위하여: 참된 예배와 교회의 부르심(Grand Rapids, MI: Eerdmans, 1997)에서 가져왔다.
4) 로즈 써굿, "회개에 대한 훈계," quoted in 존 드루어리, 한밤중의 음악: 조지 허버트의 생애와 시(Chicago: University of Chicago Press, 2013), 16쪽.
5) 프랜시스 베이컨, "우정에 관하여," in 프랜시스 베이컨의 교양과 도덕에 관한 에세이 혹은 권고(Chicago: Donahue, Henneberrry, & Co., 1883), 125쪽.
6) 리보의 아일레드, 영적인 우정에 관하여, Cistercian Fathers Series: Number 5, trans. 로렌스 C. 브레이스랜드, ed. 마르샤 L. 듀턴(Collegeville, MN: Ligurgical Press, 2010).
7) 레이 박케, 도시만큼 큰 신학(Downers Grove, IL: Inter-Varsity Press, 1997), 55쪽.
8) 써굿, "회개에 대한 훈계," quoted in 드루어리, 한밤중의 음악, 16쪽.

4. 태만, 정욕, 거짓말에 무릎 꿇었던 다윗
1) 토머스 아 켐피스, 그리스도를 본받아(Chicago: Moody Publishers, 2007), 13.13, 55.
2) "만족," in 환상의 골짜기: 청교도의 기도와 묵상 모음집, ed. 아더 베넷(Edinburgh: Banner of Truth, 2002), 295쪽.
3) 토머스 왓슨, 십계명(1962; repr. Edinburgh: Banner of Truth, 1965), 160쪽.
4) 빌 스트러더스, 친밀감을 위해 연결되다: 포르노가 남성의 뇌를 훔치는 방법(Downers Grove, IL: InterVarsity Press, 2009).
5) 존 프리만, "눈에 띄지 않게 조용히 살기: 게임플레이어 같은 인생," Harvest USA, http://

www.harvestusa.org/living-shadows-life-game-player/#.VcjIrE3bLcg, 2014년 9월 30일 접속.

6) Ibid.

7) 데이비드 울프, 다윗: 분열된 마음, Jewish Lives(New Haven, CT: Yale University Press, 2014), 77쪽.

8) Ibid., 80쪽.

9) 제럴드 G. 메이, 중독과 은혜(San Francisco: Harper & Row, 1988), 3-4쪽.

5. 원수들의 박해와 조롱에 울부짖었던 예레미야

1) 캐슬린 노리스, 수도원 산책(New York: Riverhead, 1996), 31쪽.

2) Ibid., 31-35쪽.

3) 존 칼빈, 예레미야 주석, 5 vols.(Edinburgh: Banner of Truth, 1989), 3:38.

4) 디트리히 본회퍼, 감옥으로부터의 편지와 논문, in 로버트 데이비슨, 예레미야, Daily Study Bible, 2 vols.(Philadelphia: Westminster, 1983), 1:165.

5) R. E. O. 화이트, 불굴의 선지자(Grand Rapids, MI: Eerdmans, 1992), 162쪽.

6) 칼빈, 예레미야 주석, 3:44.

7) 데릭 키드너, 예레미야의 메시지: 바람과 파도에 저항하다, The Bible Speaks Today(Downers Grove, IL: InterVarsity Press, 1987), 81쪽.

8) J. G. 맥컨빌, 심판과 약속: 예레미야서의 해석(Leicester, UK: Apollow, 1993), 73-74쪽.

9) 존스 박사는 휘튼대학 이사회에서 이 간증을 나누었다.

6. 벅찬 소명으로 아들과 함께 고난받았던 마리아

1) 토머스 워튼 장로, "수난에 관한 송가(頌歌)," in 로버트 아트완 & 로렌스 위더, eds., 장에서 절로: 성경의 영감을 받은 영시(英詩), 2 vols.(New York: Oxford University Press, 1993), 2:214-15.

2) 도로시 L. 세이어즈, 왕으로 난 자: 우리의 주님이요 구주이신 예수 그리스도의 일생에 관한 연작 극본(London: Victor Gollancz, 1969), 58-59쪽.

7. 극한 고통 앞에서 피땀을 흘리며 기도하셨던 예수님

1) 리치 멀린즈, "가까이 하기 어려워," ⓒ 1998 Liturgy Legacy Music(Admin. by Word Music, LLC), Word Music, LLC. All rights reserved. 허가를 받고 사용함.

2) 데이비드 폴리슨, "내가 결코 건너뛰지 않겠다: 고통 받는 자들을 위한 도움," Journal of Biblical Counseling, vol. 28, no. 1 (2014), 8-27쪽.

3) 존 칼빈, *빌립보서-골로새서 주석*(Grand Rapids, MI: Baker, 1979), 191쪽.
4) "마사이 신조," quoted in 티모시 조지, "사파리의 예수: 자로슬라브 펠리칸의 유산," *First Things*(2015년 1월 26일), http://www.firstthings.com/web-exclusives/2015/01/jesus-on-safari, 2014년 9월 30일 접속.

8. 그리스도를 위해 죽음의 위협과 모진 핍박을 견딘 바울

1) "2014, 박해 사상 최악의 해," *Christianity Today*(2015년 3월), 14쪽.
2) Quoted in 제이미 딘, "시시각각의 테러," *World*(2015년 2월 7일), 38쪽.
3) 티모시 조지, "아프리카가 피 흘리는 동안," *First Things*(2015년 2월 23일), http://www.firstthings.com/web-exclusives/2015/02/when-africa-bleeds, 2015년 3월 15일 접속.
4) "샤를리 에브도 시위가 수십 개의 교회를 파괴하다." *Christianity Today*(2015년 3월), 16쪽.
5) 데이비드 스킬, "기독교는 이라크에서 살아남을 것이다," *USA Today*(2014년 9월 22일), http://www.usatoday.com/story/opinion/2014/09/22/christianity-iraq-persecution-live-return-column/16076311/, 2014년 9월 30일 접속.
6) 매튜 E. 번슨, "오트란토의 800명의 순교자들은 어떻게 로마를 구했는가," *Catholic Answers Magazine*(2008 7월), http://www.catholic.com/magazine/articles/how-the-800-martyrs-of-otranto-saved-rome, 2014년 9월 30일 접속.
7) "사이드 목사의 딸 레베카에게 보내는 편지," *Samaritan's Purse*, 2014년 9월 26일, http://www.samaritanspurse.org/article/pastor-saeeds-letter-to-his-daughter-rebekka/, 2014년 9월 30일 접속.
8) National Association of Evangelicals, "NAE가 박해받는 교회와 함께 서다," 2015년 3월 10일, http://nae.net/nae-stands-with-persecuted-church/, 2015년 3월 15일 접속.
9) D. K. 케이, trans., *철학자 아리스티데스의 변증론, 초기 기독교 작품집*, http://www.earlychristianwritings.com/text/aristides-kay.html, 2014년 9월 30일 접속.
10) Recounted in 팀 헨젤, *거룩한 땀*(Dallas, TX: Word, 1987), 188-89쪽.

에필로그 - 당신도 승리의 은혜를 간증할 수 있기를…

1) 찰스 스펄전, "담대하라," 5월 31일 요 16:33에 근거한 묵상, *신앙 확인서: 짧은 실험적 논평과 함께 매일 사용할 목적으로 정리된 귀한 약속들*(Chicago: Moody Press, n.d.), 152쪽.
2) Cited in 마크 쉬프만, "두려움을 전공하다," *Fist Things*(2014년 11월), 19쪽.

사명선언문

너희가 흠이 없고 순전하여……세상에서 그들 가운데 빛들로
나타내며 생명의 말씀을 밝혀 _ 빌 2:15-16

1. 생명을 담겠습니다
만드는 책에 주님 주신 생명을 담겠습니다.
그 책으로 복음을 선포하겠습니다.

2. 말씀을 밝히겠습니다
생명의 근본은 말씀입니다.
말씀을 밝혀 성도와 교회의 성장을 돕겠습니다.

3. 빛이 되겠습니다
시대와 영혼의 어두움을 밝혀 주님 앞으로 이끄는
빛이 되는 책을 만들겠습니다.

4. 순전히 행하겠습니다
책을 만들고 전하는 일과 경영하는 일에 부끄러움이 없는
정직함으로 행하겠습니다.

5. 끝까지 전파하겠습니다
모든 사람에게, 땅 끝까지, 주님 오시는 그날까지
복음을 전하는 사명을 다하겠습니다.

서점 안내

광화문점　서울시 종로구 새문안로 69 구세군회관 1층
　　　　　　02)737-2288(T)　02)737-4623(F)

강남점　　서울시 서초구 신반포로 177 반포쇼핑타운 3동 2층
　　　　　　02)595-1211(T)　02)595-3549(F)

구로점　　서울시 구로구 시흥대로 577 3층
　　　　　　02)858-8744(T)　02)838-0653(F)

노원점　　서울시 노원구 동일로 1366 삼봉빌딩 지하 1층
　　　　　　02)938-7979(T)　02)3391-6169(F)

분당점　　경기도 성남시 분당구 황새울로 315 대현빌딩 3층
　　　　　　031)707-5566(T)　031)707-4999(F)

신촌점　　서울시 마포구 서강로 144 동인빌딩 8층
　　　　　　02)702-1411(T)　02)702-1131(F)

일산점　　경기도 고양시 일산서구 중앙로 1391 레이크타운 지하 1층
　　　　　　031)916-8787(T)　031)916-8788(F)

의정부점　경기도 의정부시 청사로47번길 12 성산타워 3층
　　　　　　031)845-0600(T)　031) 852-6930(F)

인터넷서점　www.lifebook.co.kr